中央大学社会科学研究所研究叢書……30

民意と社会

安 野 智 子 編著

中央大学出版部

まえがき

　一般に民主主義社会においては，民意（あるいは世論）を政治に反映することを 1 つの理想と考える人が多いであろう。しかしそもそも民意をどう測るのか，そもそも測ることができるのか，あるいは民意の担い手である有権者の意見は信頼に足るのか―ということになると，研究者の間でも長年の議論の対象になってきた。

　民意を測るとするならば，今日広く用いられているのは，投票（選挙）か世論調査であろう。そのどちらも民意の捕捉に完全な方法とはいいがたい。たとえば投票結果は選挙制度によっても変わってくるし，死票も出てしまう。世論調査には誤差がつきものである上，質問の仕方や選択肢の影響を受けるからである。市井では選挙や世論調査に対する疑念の声も多い。しかし問題はあるにせよ，現状では，選挙や世論調査は民意を知る上で重要な手段でもある。これらがなければ，民意を都合良く騙ることはより容易になってしまうであろう。重要なことは，選挙制度や世論調査の特徴を踏まえて結果を解釈すること，得票や調査結果の単純集計だけではなく，「どのような人が，どのような意見を持っているのか，それはなぜか」を検討することである。

　本書は，以上のような問題関心に基づき，世論調査の方法に関する論文 2 点，世論調査を用いた論文 2 点，選挙制度に関する論文 1 点を収録した論文集である。それぞれ独立した論文ではあるが，結果として 5 本それぞれが「民意」を扱っているという点で，書物としての 1 つのまとまりを持つことができたのではないかと考える。

　第 1 章（宮野勝「「相対」政党支持率と「相対」内閣支持率の安定性について――マスコミの世論調査の信頼性――」）は，マスコミ各社が報道する世論調査結果の数字の違いについての論考である。世論調査には多少なりとも誤差はつきもので

あり，質問文や選択肢のちょっとした違いでも影響を受けることがあるので，調査結果の数ポイントの数字の違いを大げさに解釈することは適切ではないが，政党支持率や内閣支持率などの比較的シンプルな設問でも，マスコミ各社の数字が（ときに無視できない大きさで）異なることが近年しばしば指摘されてきた。こうした差に対しては，「マスコミの調査は信用できない」あるいは「新聞社・テレビ局の名前が，結果的に回答者を選択してしまっているのではないか」というような解釈を耳にすることがある。しかし，一見大きくみえる差は，基本的に母数をどうとるか（たとえば「無回答」を母数に入れるかどうか）という問題にすぎない——というのが宮野論文の知見である。「なんらかの意見を表明した人のうち，何％が内閣（あるいは特定の政党）を支持しているか」という「相対支持率」を算出すると，一見ばらついているマスコミ各社の調査結果はぶれが少なくなるというのである。シンプルな知見ながら，世論調査不信に一石を投じる重要な論文である。

第2章（宮野勝「内閣支持率の測定と内閣交替希望時期——ネット調査の分析——」）では，内閣支持をたずねる選択肢について検討している。内閣支持は「支持している」「支持していない」の2つの選択肢で質問されることが多いが，2値では支持の強弱が当然ながらわからない。そのために，たとえば積極的な支持が消極的な支持に変わるような世論の趨勢を見誤ることにつながりかねない。また，これに「わからない」を加えた場合，弱い支持や弱い不支持が「わからない」に含まれてしまうことがある。そのため，2値の選択肢で過去の，あるいは他の調査との比較ができるようにしながらも，たとえば5値や7値などでも同時に内閣支持を測定することも試みるべきだという。さらに，内閣交替時期の希望と内閣支持の質問への回答との対応を調べ，内閣の支持・不支持と内閣の交替希望との対応づけには慎重になるべきであると結論している。

第3章（塩沢健一「2010年名護市長選挙における「民意」の動態——投票行動の変化と普天間問題をめぐる態度変化——」）は，2015年現在も基地移転問題で揺れる沖縄県名護市において，2010年の市長選時に実施された郵送調査の分析である。沖縄の米軍基地問題は本土復帰後の長年の保革対立軸であったが，2009年

には民主党が政権につき，鳩山首相（当時）が普天間基地の辺野古移転案を否定，県外移転を公言して注目を浴びていた。こうした動きに対応するように，2010年の市長選では，基地反対派の候補が初めて当選し，民主党内閣成立の効果とも考えられた。塩沢論文ではこの非常に重要な選挙の時期の調査に基づき，2006年の市長選と2010年の市長選での投票行動の変化要因を検証している。分析の結果，2006年では容認派に投票したものの，2010年には反対派に態度を変えた有権者の場合，鳩山内閣支持の影響はみられず，容認派の前市長の業績に対する否定的な評価（基地問題に限らず）が大きく影響していたことが明らかになった。他方，一貫して基地反対派を支持した有権者は，鳩山内閣の成立によってその期待を高めていた。この結果は，地域の政治には，たとえ国政とリンクした争点であっても，その地域の文脈を反映した民意があり，国政の文脈からのみ解釈してしまうことの危険性を示唆している。米軍基地に限らず，突出して目立つ争点がある場合には，選挙結果をその争点への是非からでのみ評価しやすいが，そうした単純化に注意を促す意味でも重要な知見である。

　第4章（スティーブン R. リード「小選挙区比例代表並立制における比例公認」）は，日本の小選挙区比例代表並立制における政党の公認の方法にどのような種類があるか，また公認の決定にどのような原則が成立しつつあるかを論じている。具体的には，各政党が小選挙区と比例区のどちらを優先するか，また比例公認をどのように利用するかという問題を扱っている。

　日本の並立制では，小選挙区と比例区の重複立候補が可能なため，選挙ではしばしば，小選挙区で落選した候補者が比例区で復活当選することがある。これに対して市井では，「小選挙区で有権者に選ばれなかった候補者が，比例区で復活するのは民意に反している」というような批判がなされることがある。しかし，政党の戦略という観点からみれば，こうした批判は適切ではない。各候補者は小選挙区のほうが当選を目指して努力するため，各政党としては，同順位の重複立候補を増やすことが最適な戦略となるのである。

　大政党（自民党や民主党など）の場合には，小選挙区の候補者を当選させるこ

とが優先され，比例代表の公認は，候補者と所属政党の利害を調整する機能を持っている。たとえば，比例区での公認を「見返り」として使うことで，勝つ見込みのない選挙区にも候補者を立てることができるのである。その結果，大政党は，名簿の優先順位が高い「楽勝公認」を減らし，「同順位公認」を増やすという原則に従うことになる。このように考えると，大政党にとっての並立制とは調整機能付きの小選挙区制でしかないともいえるが，一方で，小選挙区で勝つ見込みの少ない小政党にとっては，比例区が選挙戦の中心となる。小選挙区よりも議席獲得の見込みが高くなるためである。このリード論文は，小選挙区比例代表並立制の下で，政党がどのように最適化戦略を用いているかを明瞭に示している。

なお，この論文は2012年執筆のものであり，最新の選挙結果が反映されていないことにはご留意いただきたい。刊行の遅れはすべて編者に責任がある。

第5章（安野智子「原子力発電をめぐる態度変化とその規定要因」）は，2011年3月の東日本大震災と福島第一原発事故の後，2012年から2013年にかけて実施されたウェブモニタに対するパネル調査の分析である。世論調査のパネルデータ分析ではしばしば，個人の意見・態度の安定性が低いことが指摘され，有権者の意見（あるいは世論調査）が「あてにならない」ことの証左の1つともみなされてきた。しかし熟慮された争点（ここでは原発問題）については，政治的知識の少ない回答者も態度の安定性が高く，かつ保守—革新のイデオロギーと結びつけて考えられているというのが本論文の知見である。イデオロギーと結びつけて考えることが，そもそも信頼できる意見の条件なのかどうかは検討の余地があるが，少なくとも，争点態度の安定性やイデオロギー的思考は，個人の能力差というよりも争点について考えた経験の差とみなすことができる。

なお本書は，中央大学社会科学研究所研究チーム「政治行動の実証分析」（代表：安野智子）の研究成果をまとめたものである。隔月程度で研究会を開催し，各自が自由なテーマで研究報告を行ってきた成果であるが，編者である安野の事情で，刊行が大幅に遅れてしまった。そのために早々に論文をお寄せ頂いた

執筆者の方には大変ご迷惑をおかけしてしまったことをお詫びしたい。なんとかまとめることができたのは，多忙な中ぎりぎりまで協力して下さった執筆者の皆さんのおかげである。研究チームの皆さんには，和やかな雰囲気の中，活発に意見を交わす貴重な機会をいただいていることにも感謝したい。

また，作業の遅れで，中央大学社会科学研究所の青木哲行さん，前担当の鈴木真子さんにも大変ご心配をおかけしてしまった。お詫び申し上げると同時に，サポートに心より感謝したい。

最後に，中央大学出版部の皆様には，刊行に際していろいろと無理をお願いしてしまった。ご尽力に心から感謝申し上げる。

2015年11月

安 野 智 子

　　本書（第1章～第5章）の図表は，特別に記載があるものを除き，執筆者の作成によるものである。

目　次

まえがき

第1章　「相対」政党支持率と「相対」内閣支持率の安定性について
　　　　——マスコミの世論調査の信頼性——

宮野　勝

1. はじめに ……………………………………………………… 1
2. 政党支持率・内閣支持率のデータ ………………………… 3
3. 標本調査における誤差——標本誤差を中心に—— ……… 4
4. 政党支持率
　　——「絶対」政党支持率と「相対」政党支持率—— …… 7
5. 内閣支持率
　　——「絶対」内閣支持率と「相対」内閣支持率—— …… 15
6. 結論 …………………………………………………………… 20

第2章　内閣支持率の測定と内閣交替希望時期
　　　　——ネット調査の分析——

宮野　勝

1. はじめに ……………………………………………………… 25
2. 課題 …………………………………………………………… 26
3. 測定方法とデータ …………………………………………… 30
4. 内閣支持率の分析 …………………………………………… 36
5. 内閣支持率と内閣交替希望時期 …………………………… 51
6. 結論 …………………………………………………………… 55

第3章　2010年名護市長選挙における「民意」の動態
　　　　――投票行動の変化と普天間問題をめぐる態度変化――
塩沢健一

1. はじめに ………………………………………………………… 63
2. 国政と地方政治とのリンケージ ……………………………… 65
3. 分　　析 ………………………………………………………… 71
4. 考　　察 ………………………………………………………… 81
5. おわりに ………………………………………………………… 84

第4章　小選挙区比例代表並立制における比例公認
スティーブン R. リード

1. はじめに ………………………………………………………… 91
2. 二大政党の比例公認の原則 …………………………………… 93
3. 楽勝公認の使い道 ……………………………………………… 95
4. 参加公認の使い道 ……………………………………………… 98
5. 第三党の比例公認 ……………………………………………… 99
6. 並立制における比例区 ………………………………………… 101

第5章　原子力発電をめぐる態度変化とその規定要因
安野智子

1. 政治的洗練度と世論過程 ……………………………………… 103
2. 本研究の仮説と取り上げる争点 ……………………………… 107
3. 調査方法 ………………………………………………………… 112
4. 仮説1――政治的洗練度と争点態度の安定性―― ………… 116
5. 仮説2の検証
　　――争点態度とイデオロギー自己定位との関連―― …… 120
6. 全体的議論 ……………………………………………………… 123

第 1 章
「相対」政党支持率と「相対」内閣支持率の安定性について
——マスコミの世論調査の信頼性——

宮 野　　勝

1．はじめに

　国政選挙において選挙結果が大きく揺らぐようになっている。たとえば，1990年代末から10年ほどの自民党の議席獲得率は，1998年参院選は34.9％，2000年衆院選は48.5％，2001年参院選は52.9％，2003年衆院選は49.4％，2004年参院選は40.5％，2005年衆院選は61.7％，2007年参院選は30.6％だった。参院と衆院ではベースが異なるけれども，参院選・衆院選それぞれの中でも大きく変動している。

　それとともに，政党支持率や内閣支持率への注目度が高まっている。たとえば，福田康夫首相は2008年9月1日に辞任を表明し9月24日に内閣総辞職したが，その背景には内閣支持率の「低迷」があった。政党支持率や内閣支持率は，総理の椅子・選挙の時期選び・政権交替などに大きな影響を与えていると思われる。

　ところで，重要な位置を占めている政党支持率や内閣支持率の数値はどのくらい信頼できるものだろうか。周知のように，これらの数値は報道各社間で大きく異なることがある。一例として，麻生太郎内閣誕生時の報道5社の世論調査（2008年9月24～25日）における内閣支持率と自民党支持率を，表1-1に示し

た。表1-1の内閣支持率は，毎日の45％から日経の53％まで8％の幅があった。このようなとき，どの数値をもって内閣支持率というべきだろうか。内閣支持率は45％なのか，53％なのか。また，表1-1の自民党支持率は，毎日の28％から日経の41％まで13％の幅があった。どの数値を自民党支持率としたらよいのだろうか。自民党支持率は28％なのか，41％なのか。

表1-1 麻生内閣誕生時の新聞5社の世論調査（2008年9月24〜25日）における，（「絶対」）内閣支持率と（「絶対」）自民党支持率

	（「絶対」）内閣支持率	内閣支持のDK/NA他	（「絶対」）自民党支持率	政党支持なし	政党支持のDK/NA
読売	49.5	16.8	37.4	26.4	5.2
朝日	48	16	34	32	5
毎日	45	27	28	37	—
日経	53	40	41	13	4
共同	48.6	18.5	37	23.1	2.8

（単位：％）

それだけではない。このように報道各社の世論調査結果が異なることは，世論調査なりデータなりの信頼性が疑わしいことを意味しないだろうか。世論調査はいい加減なものなのか，それとも何らかの意味で信頼できるものなのだろうか。

本章は，政党支持率・内閣支持率の概念とその測定の安定性に関する試論である。まず報道各社間での政党支持率や内閣支持率の差と標本誤差について考察する。そして，データが持つ安定的な側面に注目しつつ，新たに「相対」政党支持率・「相対」内閣支持率の概念を考案する。根底には，「政党支持率・内閣支持率が報道各社で大きくばらつく問題をどのように捉えるべきか」という問いがある。そのうえで，これらを通して世論調査データの信頼性についても若干の考察を試みる。すなわち，本章の主要な問いは次の2つになる。第1に，政党支持率・内閣支持率が報道各社で大きくばらつく問題をどのように捉えるべきか，第2に，マスコミの世論調査はどのくらい信頼できるのか，である[1]。

2．政党支持率・内閣支持率のデータ

　使用するデータは，ある程度の頻度で全国世論調査を実施・公表してきている，読売新聞，朝日新聞，毎日新聞，日経新聞，そして共同通信社の5社（以下では，読売，朝日，毎日，日経，共同，という略称を用いる）の政党支持率・内閣支持率データである（データの収集に関しては章末の謝辞を参照されたい）。検討する期間は，2008年1月から2009年2月上旬までとする（政党支持およびその時系列的変動に関する文献として，西澤（1998），松本（1991），三宅（1998）を挙げておく。また「政党支持なし」に関しては宮野（2000）も参照されたい）。

　データに関して1つ注意しておく。各社間の差に関する数値には，±1％つまり幅としては2％の誤差がありうるという点である。これは，整数値のみで公表している社があるためである。小数点以下の数字は「有効」ではないと判断して整数値で公表しているのかもしれない（1つの見識である）が，各社の数値の比較を試みようとする場合には障害となる。たとえば毎日も日経も整数値での公表であるので，それぞれ±0.5％の丸めの誤差がある。そのため，内閣支持率で毎日45％・日経53％の幅を8％としたが，実際には，45.49〜52.5％≒7％かもしれないし，44.5〜53.49％≒9％かもしれない。

　この問題は，実は1社のみのデータを用いるときでも生じる。整数値での公表は，トレンドをみるときに障害になる。たとえば，ある社の内閣支持率が1か月で29％から27％に変わったと整数値で公表されるとき，変化分は1〜3％のうちのどの値かわからない（幅が2％）。しかし，小数点以下第1位まで，たとえば29.3％から26.8％に変わったと公表されれば，2.4〜2.6％の変化だとわかる（幅は0.2％）。政党支持率や内閣支持率は変化を問題にすることが多いので，丸めて誤差を大きくする（0.2％の幅が2％幅になる）整数値での公表は，避ける方が読者に親切ではなかろうか。他にも考慮すべき要因があるのであろうが，各社間のデータの信頼性を確認するため，また同一社内でのトレンドをみるためには，小数点以下第1位までの公表が望ましいと思われる。

3．標本調査における誤差
──標本誤差を中心に──

報道各社間の異同を調べるにあたって，まず標本調査における誤差について確認しておきたい。標本調査における誤差は，標本誤差と非標本誤差とに大別されるが，マスコミ各社間での結果の差も，結局はこれらの誤差に帰着する。ここでは，標本誤差を中心に考えていく。

社会調査に関して，（自然科学における追試可能性に相当するような）次の命題が成り立つであろう。

命題1：同じ日に，同じ方法（ただし標本抽出は無作為に近い方法を採用）で，標本調査すれば，ほぼ同様の回答（標本誤差の範囲内で）が得られる。

命題1では，たとえば報道各社が同日にそれぞれ対象者1,000～3,000名くらいの標本調査を実施することを想定している（「母集団」である全国の有権者全体について推測するために，「標本」として調査対象者を選ぶ）。実際には各社で「方法」が微妙に異なることが少なくないが，命題1では「同じ方法」の場合を考えている。その場合，回答は「ほぼ同様」である。逆の面からいえば，標本誤差（標本の選ばれ方の違いから生じる，母集団の値と標本調査の値との差）の範囲内で，各社で数字が若干異なることは，むしろ当然の結果である。

そして，無作為（ランダム）に近い形で標本が選ばれていれば，調査結果である比率（政党支持率や内閣支持率）が各社間でどのように分布するかについて，一定の予想が成り立つ。無作為（ランダム）に標本が選ばれていると仮定する場合，各社の標本誤差の大きさについては，次の命題2が答えとなろう。

命題2：母比率＝pのとき，大きさnの無作為標本を多数回取り出すと，標本比率p'は，平均p，標準偏差$=\sqrt{p(1-p)/n}$で正規分布する。

命題2で，標本比率 p' の標準偏差が最大になるのは p＝50％のときで，n＝1,000なら，95％信頼区間（＝p±1.96×√{p(1－p)/n}）の幅は，約6.2％となる。報道各社の RDD の回答数は1,000前後が多いので，大まかにいってこの6％（≒p±3％）前後の幅は1つの目安になろう（調査拒否者なども含めた対象者全員に関する標本比率を問題にするのであれば，回収率は55～70％くらいとされているので，標本サイズは1,500～2,000くらいとなる。n＝2,000であれば，95％信頼区間の幅は4.4％（≒p±2.2％）である。ただし実際には，各社の標本の選び方は純粋な単純無作為抽出ではないので，標本誤差はこれより大きくなると予想していることもあり，6％（≒p±3％）前後を目安としてみた。これは「目安」に関する1つの試みにすぎない）。

表1-2に，命題2における母比率 p と標本サイズ n のいくつかの値について，95％信頼区間の幅を示した。命題2の式から（あるいは表1-2から），95％信頼区間の幅を半分にするには4倍の標本サイズが必要になることがわかる。命題2からはまた，標本比率の約3分の2がこの95％信頼区間の半分（6％なら3％≒p±1.5％）前後の幅に入ることも予想できる。したがって，同日に「同じ方法」・無作為抽出・標本サイズ1,000で調査した5社の比率30～70％位のデータがあるとき，3社は3％（≒±1.5％）以下の幅に，5社全体では6％（≒±3％）以下の幅に入るのであれば，先ほどの「目安」にしたがえば，標本誤差の範囲内となる。

表1-2 比率の標本誤差の推定値
（無作為抽出，母比率 p，標本サイズ n，の95％信頼区間の幅）

p ＼ n	500	1,000	2,000	3,000	4,000	10,000
10％	5.3％	3.7％	2.6％	2.1％	1.9％	1.2％
20％	7.0％	5.0％	3.5％	2.9％	2.5％	1.6％
30％	8.0％	5.7％	4.0％	3.3％	2.8％	1.8％
40％	8.6％	6.1％	4.3％	3.5％	3.0％	1.9％
50％	8.8％	6.2％	4.4％	3.6％	3.1％	2.0％

なお，以前は「標本サイズ3,000を抽出し，回収率66％くらいで約2,000人の回答者などという訪問面接調査」を主とする社もあった。しかし，近年，報道各社（少なくとも先の5社）はRDD電話調査を主体にしはじめ，それとともに「標本サイズが小さい」調査が増えているように思われる。命題2によれば，標本サイズの縮小は「標本誤差の増大」につながり，標本サイズが約半分になると標本誤差は$\sqrt{2}$倍≒1.4倍になる（95％信頼区間の幅が，たとえば約4％から約6％に拡大する。実際には，標本抽出方法も変更されているであろうし，いつからどのように調査方法が変化しているか，どのくらい各社の相違の幅が変わったかは，筆者は未検討である）。

　さて，以上の命題は，調査方法が「同じ」との強い仮定を置いたうえでの数学的（数理統計学的）なものであった。次に，実際の内閣支持率を眺めてみよう。たとえば表1-1で示した麻生内閣誕生時の世論調査（2008年9月25日）の内閣支持率は，中間の値の3社は1.5％の幅の中であったが，5社全体では8％の幅であった。政党支持率は，中間の3社で3.4％，5社では13％もの幅があった。

　この8％や13％の差は，標本抽出方法が著しく異なるとは思えないため，標本誤差だけではなく，非標本誤差も影響していると推測している。報道各社の実際の世論調査では微妙に「違う方法」が採用され，それによっても様々な差異が生じているのであろう。「違う方法」とは，たとえば，調査形態（訪問面接調査か，RDD電話調査か，郵送調査かなど），標本抽出の方法，調査時間帯の微妙な差，リード文などの差，質問の言葉遣い（ワーディング），選択肢の設定の仕方，質問の順番，調査主体の差，調査員への指示，調査員の訓練や質，調査結果へのウェイトのかけ方などの相違である。これらにおける僅かかもしれない差が結果に大きく影響する場合がある[2]。

　ところで，これらの差とその効果が「一貫している」のであれば，結果は「系統的な差」として表れると予想される。たとえば，内閣支持率に関して，A社は常にB社よりも低いとか，A社は常にB社よりもだいたい5％くらい低いなどである。そのように「系統的な差」があれば，補正していずれかの値に合

わせれば，安定した数値になる。

　しかし，各社間の差は系統的なものだけではないようだ。トレンドや系統的な各社の差とは異なった「変わった値」を示す社が現れることがある。これは，（意図的に，あるいは意図せずに）何らかの「変わった方法」を用いた（あるいは「違った方法」の時点のみの効果の）ためかもしれない。たとえば特別なリード文をつけてしまったとか，質問の順番を変えてしまったとか，である。

　各社間の差がどのくらいか，またそれは系統的な差か否か，どのくらい「変わった値」が現れるのか，などについては，政党支持率・内閣支持率についての以下の議論を参照されたい。

4．政党支持率
―「絶対」政党支持率と「相対」政党支持率―

4.1　政党支持率の分母

　政党支持率について，報道各社間の発表数値が大きく異なることが少なくない。たとえば，表1-1では，5社の自民党支持率のレンジ（＝範囲＝最大値と最小値の差）は13％（最大値である日経の41％から最小値である毎日の28％を引いて求める）もあった。自民党支持率は28％なのか，41％なのか。

　政党支持率は「率」であるので，分子と分母が必要である。分子・分母の候補として様々なものを考えることができる。自民党支持率を例に考えてみよう。分子としては，「自民党を支持するという回答の総数」のみを考えるとしても，分母として，少なくとも次の4つを考えることができる。

　　分母1：全対象者数（調査全体への回答拒否なども含む）
　　分母2：全回答者数（調査全体としての有効回答者のみ）
　　分母3：「支持政党」を回答した総数
　　分母4：「自民党支持＋民主党支持」（相対多数第1党支持＋第2党支持）の
　　　　　総数

自民党支持率の計算に通常用いられているのは分母2であるが，他にも複数の候補がありうる。分母3は，選挙における政党間での選択ということを考えるとき，1つの選択肢であろう。分母4は，二大政党制またはそれに近い状態で有効性を発揮するのではないか。

さて，分母1・2・3・4のそれぞれを用いて計算し，表1-1のデータで比べてみよう。自民党支持率の最大値と最小値の区間は，分母1で，17.1〜26.1%，分母2で，28.0〜41.0%，分母3で，46.7〜54.6%，分母4で，56.0〜62.1%であった。レンジは，それぞれ，約9%，13%，8%，6%となる。分母3・4を用いた場合，比率が50%前後に近づくにもかかわらず，レンジは小さくなっている。

なぜだろうか。これは，支持なし率・DK/NA率（DKは「わからない」，NAは「無回答」の略）など各社で大きく異なっていた数値が分母から除かれたためである（質問の仕方の違いのためか，「政党支持なし」が他社より10〜24%も少なかった日経を除いた4社のデータにおけるレンジは，それぞれ，約9.1%，9.4%，7.9%，6%であった）。逆にいえば，支持なし率・DK/NA率など各社で大きく異なる部分を除いて考えれば，実は各社間の自民党支持率のばらつきは小さくなりうるということである。

4.2 政党支持率の2つの定義

ここで2つの政党支持率を定義しておこう。分子の「当該政党を支持するとの回答者数」は同じだが，分母が異なる。

定義1：「絶対」A党支持率
　　＝通常の世論調査結果のA党支持
　　（＝調査有効回収者数を分母とするA党支持率＝分母2を用いたA党支持率）
　　（＝A党支持者数÷調査有効回収者数）

定義2：「相対」A党支持率

＝いずれかの政党を支持する人全体の中で占める A 党支持者の割合

　（＝支持政党を表明した回答者を分母とする A 党支持率＝分母 3 を用いた A 党支持率）

　（＝A 党支持者数÷支持政党表明者数）

　「絶対」政党支持率は，通常公表されている数値であり，調査の有効回収者全体を分母とする（分母 2 を用いる）。これに対し，「相対」政党支持率は，支持政党表明者内での当該政党支持者の割合である（分母 3 を用いる）。本章では具体例として自民党支持率を用いるが，一般に政党 A について，「絶対」A 党支持率・「相対」A 党支持率を定義できる（「絶対」・「相対」という言葉は指示内容が曖昧になりがちなため避けたかったが，指示内容を正確に表現しようとすると記憶しにくくなるため，便宜的に採用した。なお，二大政党にのみ使えるが，分母 4 を用いた支持率を，「相対」A 党支持率 2 と呼んでおく）。

4.3 「相対」政党支持率の提案理由

　余計な造語や分類は避けるべきだが，あえて「相対」政党支持率を提案する理由は，少なくとも 3 つある。第 1 に，各社ごとに，また各回ごとに，「政党支持なし」や「DK/NA」の比率が異なり（これは偶然の他に，調査「方法」の違いも影響していると思われる），この影響を除いた（または小さくした）指標を求めるためである。第 2 に，データのばらつきが小さいという意味で（少なくとも大政党については）「安定性」が高く，報道各社の世論調査を比較したり，時系列的な変化を読んだりするときに有利と考えるためである。第 3 に，「相対」政党支持率は，「絶対」政党支持率とは少し異なる情報を示しており，それぞれ独自の意味を持つためである。

　第 1 に，たとえば，表 1-1 に示した麻生内閣発足時の調査では，「政党支持なし」率は，読売 26.4％，朝日 32％，毎日 37％，日経 13％，共同 23.1％であり，13～37％と大きく異なっている（より長期でみても，2008 年 1 月から 2009 年 2 月上旬までの政党支持率調査において，「政党支持なし」率の平均は，読売 31％，朝日 37％，

毎日39％，日経15％，共同29％で，日経と毎日で約24％，毎日と共同でも約10％異なる）。

「絶対」政党支持率は，「政党支持なし」や「DK/NA」の数値の影響を大きく受けざるをえないため，これらの数値が低い社では「絶対」支持率は高くなり，これらの数値が高い社では，「絶対」支持率は低くなる傾向がある。実際，表1-1で，「政党支持なし＋DK/NA」＝17％の日経の「絶対」自民党支持率は41％と高く，前者37％の朝日・毎日は34％・28％と低い。

これに対し，「相対」政党支持率は，「政党支持なし」や「DK/NA率」の大きな違い（したがって「調査方法」の違いも）を，ある程度までは吸収する。表1-1で「相対」自民党支持率を計算してみると，読売55(54.6)％，朝日54(54.0)％，毎日47(46.7)％，日経49(49.4)％，共同50(49.9)％だった。「絶対」自民党支持率が13％異なる日経と毎日で，「相対」自民党支持率は3％弱の違いになった。「絶対」政党支持率と「相対」政党支持率とでどちらが優れているかは判断基準の設け方によるが，「支持なし」や「DK/NA率」の変動の影響を受けにくいという点では「相対」政党支持率であろう。

第2の理由については，表1-1の1回分だけでなく，より多くのデータで比べてみる必要がある。2008年1月12日から2009年2月8日までの1年余りの間に，5社のうち2社以上が同日（または1日違い）で世論調査をして政党支持率を発表したケースが20ケースあった（後掲の内閣支持率に関する表1-3に調査日を示した）[3]。

このそれぞれについて，上記の分母1・2・3・4を用い，各社ごとに自民党支持率を計算し，比較した。そして，20ケースのそれぞれで，分母4種類ごとに，レンジ（範囲＝最大値－最小値）を計算して20回分のレンジの平均値を求めた。分母1・2による値は小さく，分母3・4による値は50％前後になるため，表1-2からは，レンジは，分母1・2の場合が小さく，分母3・4の場合が大きいと予想される。

結果は，単純な予想とは大きく異なった。20回分のレンジの平均値は，分母1・2・3・4の各場合に，6.2％，8.4％，5.0％，4.2％，であった。分母2

を用いた「絶対」自民党支持率は各社ごとのばらつきが大きく出るのに対し，分母3（ないし分母4）を用いた「相対」自民党支持率は，数値自体の大きさは約2倍になるにもかかわらず，レンジの平均はずっと小さくなる（分母2の場合を100％とすると，分母3で60％，分母4で50％）。ただし，「政党支持なし」の平均値が他社より14〜24％少なかった日経を除くと16ケースになり，4社のレンジの平均値は，それぞれ，6.3％，6.8％，5.7％，4.5％であった（この場合のレンジの平均は，分母2の場合を100％とすると，分母3で84％，分母4で66％である）。

第3に，「絶対」政党支持率と「相対」政党支持率とは少し異なる情報を示しており，それぞれ独自の意味を持つ。政党支持率に二種類もあると混乱するという問題はある。しかし，もともと1つで済ませようとすることに，それなりの限界があるともいえる。「絶対」「相対」の2つの指標はそれぞれ特徴があり，両者を併用して眺める方が対象を詳細に理解できる。「絶対」政党支持率だけでなく「相対」政党支持率も眺めるのがよいというのが，本章の1つの結論である。

4.4 「絶対」自民党支持率と「相対」自民党支持率のグラフ

両者の差を視覚的に捉えるため，2008年1月からの5社の世論調査の政党支持率データを用い，「絶対」自民党支持率と「相対」自民党支持率，さらに分母4を用いた場合の「相対」自民党支持率2をグラフで示す。図1-1〜図1-3では，横軸に世論調査実施年月日をとり，縦軸にそれぞれ対応する「自民党支持率」を点で示した（横軸の世論調査実施年月日は，年月日のうちの「日」を31で割り，「月」に加えて数値化したものを使った。たとえば，2008年9月25日であれば，9＋25÷31≒9.81とした。2009年の調査については，12を加え，13月・14月とした）。図1-1〜図1-3にかけてグラフが縦長になっているのは，縦軸の単位当たりの長さをそろえて眺められるようにと意図したものであり，その結果，ばらつきの大きさ・レンジなどを視認できる。

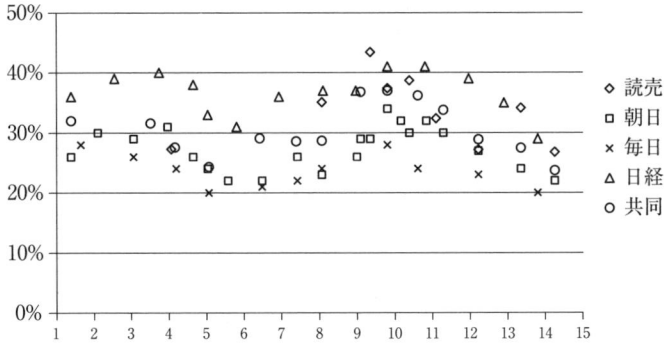

図 1-1 「絶対」自民党支持率（分母 2 ）：2008年 1 月〜2009年 2 月
（横軸は2008年換算の月。2009年 1 ・ 2 月を13・14とした。以下，同様。）

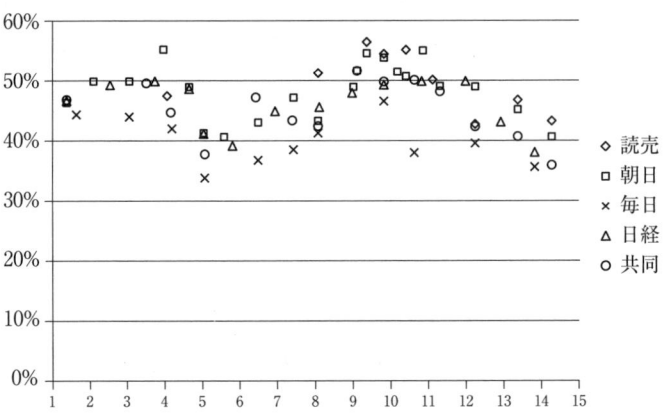

図 1-2 「相対」自民党支持率（分母 3 ）：2008年 1 月〜2009年 2 月

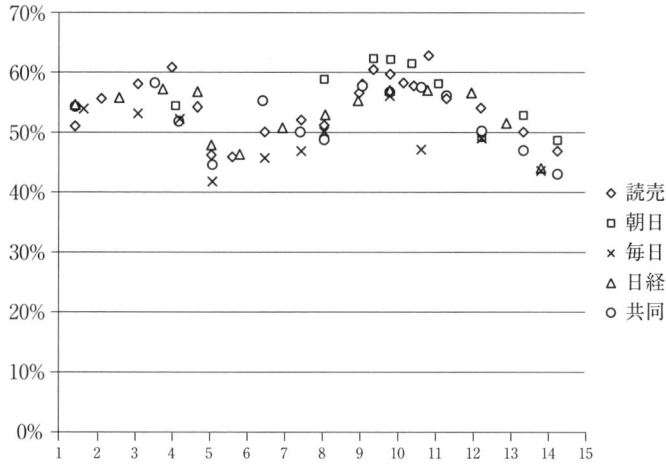

図1-3 「相対2」自民党支持率（分母4）：2008年1月〜2009年2月

　図1-1〜図1-3からみてとれることがいくつかある。そのうち第1〜第2点は，すでに議論したことの繰り返しになるが，改めて確認しておきたい。

　第1に，図1-1の「絶対」自民党支持率の5社間のばらつきが，かなり大きいことである。「絶対」自民党支持率は，この意味での安定性がない（ただし，この原因の1つは，「支持なし」が少ない日経で自民党支持率が高く出たためである）。

　第2に，図1-2・図1-3の「相対」自民党支持率の各社間でのばらつきが小さいことである。この意味で，「相対」自民党支持率データは，安定性の高い指標であるようだ。

　第3に，報道機関イメージ説（調査する社のイメージによって「答えたがる人には違いがある」との説）に対する疑念である。通常，朝日は自民党に批判的で，日経・読売は相対的に自民党に親和的とされているのではなかろうか。たしかに，「絶対」自民党支持率では，日経・読売は高め，朝日は低めで，報道機関イメージ説に適合的である。しかし，「相対」自民党支持率でみると，日経・読売と朝日との差はほとんどないようにみえる（読売はRDD電話調査への本格参加は2008年秋からのようであるが，「相対」自民党支持率では，2008年8月調査を除

き，他社と大きく外れた値は出ていない。より詳細に比べてみよう。まず読売と朝日を比べる。「相対」自民党支持率では，読売からみて，9月以降の朝日と同日になった6回の調査では，4回は＋0.6〜2.7％，1回は＋4.5％，1回は－6.3％だった。次に日経と朝日を比べる。2008年1月以降で，日経と朝日が同日または1日違いで調査しているケースが7回ある。「相対」自民党支持率では，日経からみて，マイナスが5回，プラスが2回である。しかも，3％以上の大きな差は2回だけで，いずれも日経の方が低い）。もし報道機関イメージ説が正しければ，「相対」自民党支持率でも効果が表れるはずではないだろうか。後述するように，「相対」内閣支持率でも読売・日経と朝日に顕著な差はない点も，報道機関イメージ説には不利であろう。

　第4に，毎日の数値の低さである。図1-1の「絶対」自民党支持率のみでなく，図1-2の「相対」自民党支持率でも低めである。もっとも，分母4を使った図1-3では他社との差が縮小するので，毎日は，自民・民主以外の党が少し高めに出ているということかもしれない。今後の検討課題の1つである。

　第5に，「相対」自民党支持率における時系列的な変化の追いやすさである。「絶対」自民党支持率では，データのばらつきが大きく，トレンドを読みにくい。しかし「相対」自民党支持率では，各社間のばらつきが減り，変化の方向を読みやすくなる。また，1社のみでは誤差と変化との違いを見定めるのは困難であるが，5社データを併用することで，誤差と変化とを区別しやすくなるのではないか。試みに，図1-4では，「相対」自民党支持率について，2008年1月から2008年8月まで，局所的重み付け回帰平滑法でトレンドを眺めた（2008年9月1日に福田首相が辞任を表明して著しい変化が生じたと考えられるため，1月から8月末までのトレンドを示した）。政党支持率のトレンドを捉えるときに，どのような手法が適しているかについても，検討課題である。

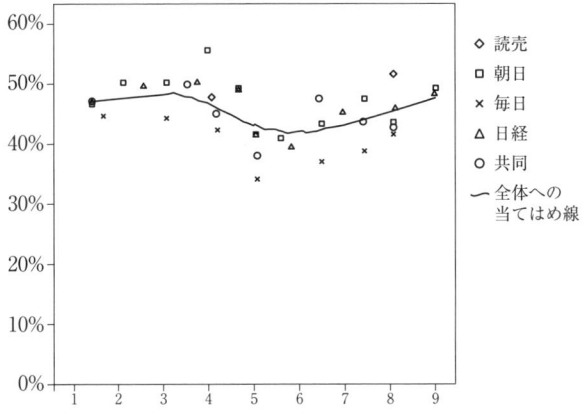

図 1-4 「相対」自民党支持率の「局所的重み付け回帰平滑法」による当てはめ線：2008年1〜8月末

5．内閣支持率
——「絶対」内閣支持率と「相対」内閣支持率——

5.1 「相対」内閣支持率とその提案理由

　内閣支持率も一般に各社で数値が異なるので，何をもって支持率とみなすべきかという問題が生じる。内閣支持率についても，「絶対」内閣支持率と「相対」内閣支持率とを併用することを考えてみる。「絶対」内閣支持率・「相対」内閣支持率の分子は同じで，いずれも「内閣を支持する」との回答者数である。両者の違いは，分母にある。

　定義3：「絶対」内閣支持率
　　　通常の世論調査結果の内閣支持率
　　　（＝調査の有効回収者数を分母とする内閣支持率）

定義 4：「相対」内閣支持率
　　内閣「支持」・「不支持」を明らかにした回答者中の内閣「支持」の割合（＝「支持」と「不支持」の合計（有効回収者のうち，DK/NA などを除く）を分母とする内閣支持率）

　あえて「相対」支持率を考える理由は，政党支持率の場合とほぼ同等の 3 つの理由による。
　第 1 に，各社ごとに，また各回ごとに，DK/NA の比率が異なり，この影響を除いた（または小さくした）指標を求めるためである。たとえば，表 1-1 に示した麻生内閣発足時の調査では，「DK/NA 率」は，読売17.1％，朝日16％，毎日29％，日経 7 ％，共同18.5％であった（ここで示した「DK/NA 率」の数値は，各社発表の「支持」・「不支持」を加え，100％から引いた数値である）。「DK/NA 率」は，日経 7 ％から毎日29％までと大きく異なる（2008年 1 月から2009年 2 月上旬までの内閣支持率調査における「DK/NA」率の平均は，読売13％，朝日18％，毎日21％，日経10％，共同16％だった）。
　ところで，「絶対」内閣支持率は，DK/NA の数値の影響を大きく受けざるをえない。同じ日の調査でも，DK/NA の少ない社では「絶対」支持率は高くなり（このとき同時に「絶対」不支持率も高くなる），DK/NA の多い社では，「絶対」支持率は低くなる（「絶対」不支持率も低くなる）傾向がある。
　これに対し，「相対」内閣支持率は，「DK/NA 率」の大きな違い（したがって，「調査方法」の違いも）を，ある程度までは吸収できる。支持・不支持を鮮明にした回答者内での支持の割合であるため，「DK/NA 率」の違いから影響を受けにくいためである。たとえば表 1-1 で「相対」内閣支持率を計算してみると，読売60(59.7)％，朝日57(57.1)％，毎日63(63.4)％，日経57(57.0)％，共同60(59.6)％，であった。「絶対」内閣支持率が 5 ％異なる日経と朝日で，「相対」内閣支持率はほぼ同じ値になった。「絶対」内閣支持率が13％異なる日経と毎日では，「相対」内閣支持率は大小が逆転した正負逆方向の 6 ％の差になった。「絶対」内閣支持率と「相対」内閣支持率とでどちらが優れているかは判断基

準の設け方によるだろうが，各社・各回で大きく動く「DK/NA率」の影響を受けにくいのは「相対」内閣支持率である。

　第2に，データのばらつきが小さいという意味で「安定性」が高く，報道各社の世論調査を比較したり，時系列的な変化を読んだりするときに有利と考えるためである。麻生内閣発足時の各社間の幅（範囲＝レンジ＝最大値と最小値との差）は，「絶対」内閣支持率は8％で「相対」内閣支持率は6.3％だった。また変動係数では0.053と0.039だった。少なくともこのときの調査では，「相対」内閣支持率の方が5社間のばらつきが小さい。

　より長い期間で調べてみよう。表1-3では，2008年1月から2009年2月上旬までの5社の世論調査で，2社以上が同日または1日違いで調査して内閣支持

表1-3　2008年1月～2009年2月上旬までの2社以上ほぼ同日調査における内閣支持率

調査終了日	社数	「絶対」内閣支持のレンジ	「相対」内閣支持のレンジ	差
2008　1/12	3	8.0	6.2	1.8
2008　3/2	2	2.0	2.0	0.0
2008　4/4－5	2	2.6	1.3	1.3
2008　4/20	2	4.0	3.6	0.4
2008　5/1－2	4	3.0	2.5	0.5
2008　6/15	2	2.0	2.1	－0.1
2008　7/12－13	3	4.8	4.5	0.3
2008　8/2－3	5	17.3	16.4	0.9
2008　8/30－31	2	4.0	0.2	3.8
2008　9/3	2			
2008　9/11	2			
2008　9/25	5	8.0	6.4	1.6
2008　10/12	2	3.9	1.8	2.1
2008　10/19	2	6.5	5.3	1.2
2008　10/25－26	2	7.0	0.8	6.2
2008　11/9	2	3.9	1.8	2.1
2008　12/7	4	4.6	5.5	－0.9
2009　1/11	3	1.4	0.6	0.8
2009　1/25	2	0.0	2.6	－2.6
2009　2/8	3	5.7	5.3	0.4
平均		4.9	3.8	1.1

率を発表しているケースを取り出し，「絶対」内閣支持率と「相対」内閣支持率とで，各社間の幅（＝レンジ）の大小と，レンジの平均値とを比較した（2008年9月の福田内閣総辞職発表から麻生新内閣成立までの調査で，政党支持率は調べているが内閣支持率は調べていない調査があるので，本章対象期間の政党支持率よりケース数が2つ少ない。表1-3では，空行にしてある）。

結果は，18回分のデータ中，「絶対」内閣支持率の方がレンジが「大きい」場合が14回，「等しい」場合が1回，「小さい」場合は3回だった。レンジの平均でみると，「絶対」内閣支持率は4.9％，これに対し，「相対」内閣支持率は3.8％だった。平均すると「相対」内閣支持率のレンジは「絶対」内閣支持率のレンジの3.8÷4.9≒78％だったことになる（標準偏差の平均でみると約76％，変動係数でみると約69％である）。恒常的な現象かどうかはわからないが，本章が対象とする1年余りの期間でみる限り，「絶対」内閣支持率よりも「相対」内閣支持率の方が各社間のばらつきは小さく，その意味で安定的である。各社間のばらつきが小さい指標は，各社間で比較したり，時系列的な変化を眺めるという観点からは，優れている。

第3に，「相対」内閣支持率は，「絶対」内閣支持率とは少し異なる情報を示しているためである。「相対」内閣支持率は，支持と不支持の意思を明確に表明した回答者の中での支持の率であるため，支持を明らかにしない回答者を除いたうえでの，相対的な優劣を示すことになる。この点で，「絶対」内閣支持率と「相対」内閣支持率とは，少し異なったものを示している。「絶対」内閣支持率と「相対」内閣支持率とは，DK/NA率も分母に入れて支持率を考えるか，（分母からDK/NA率を除いた）支持・不支持を明確に表明している中での支持率を考えるかの違いであり，それぞれ独自の意味を持つ。

5.2 「絶対」内閣支持率と「相対」内閣支持率のグラフ

2008年1月から2009年2月までのデータを用い，図1-5に「絶対」内閣支持率のグラフ，図1-6に「相対」内閣支持率のグラフを示した（図1-6が図1-5よりも縦長になっているのは，縦軸の単位当たりの長さをそろえたためである。横軸の

第1章 「相対」政党支持率と「相対」内閣支持率の安定性について　19

世論調査実施年月日は，年月日のうちの「日」を31で割り，「月」に加えて数値化したものを使った。たとえば，2008年9月25日であれば，9＋25÷31≒9.81とした。2009年の調査については，12を加え，13月・14月とした）。

視認しにくいかもしれないが，じっくり眺めると，この2つのグラフの違いを指摘できる。

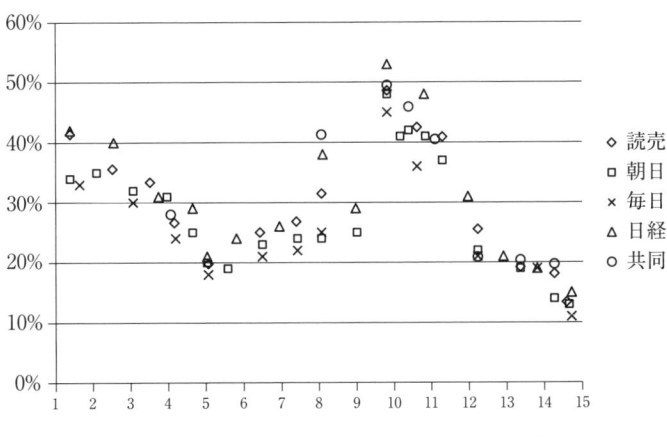

図1-5　「絶対」内閣支持率：2008年1月〜2009年2月

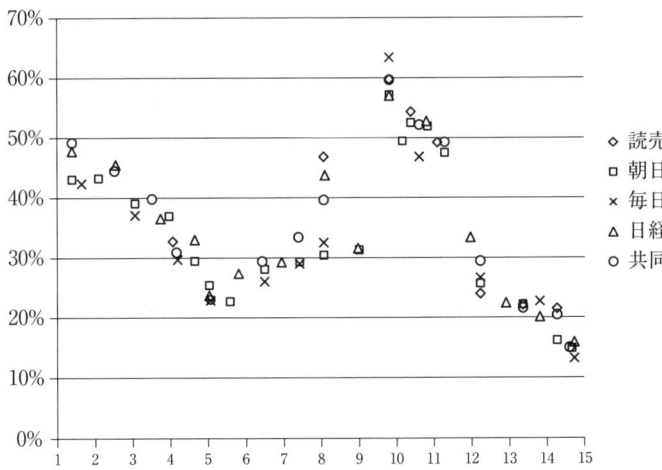

図1-6　「相対」内閣支持率：2008年1月〜2009年2月

第1に，図1-6の「相対」内閣支持率の方が5社間のばらつきが小さい。

第2に，図1-6の「相対」内閣支持率の方が，世論が変化したときの上下の幅が大きい。

第3に，「絶対」内閣支持率では毎日・朝日などが低めだが，「相対」内閣支持率では5社間に格別の高低の特徴はみられない。この点も（「相対」政党支持率に続いて），報道機関イメージ説（調査する社のイメージによって「答えたがる人には違いがある」との説）に対する疑念を提起するものであろう。

第4に，図1-7で，「相対」内閣支持率について，2008年1月から2008年8月まで，局所的重み付け回帰平滑法でトレンドを眺めた。ただし，図1-7のようなトレンド線では，意識変化の鋭さを緩和しようとしすぎているかもしれない。

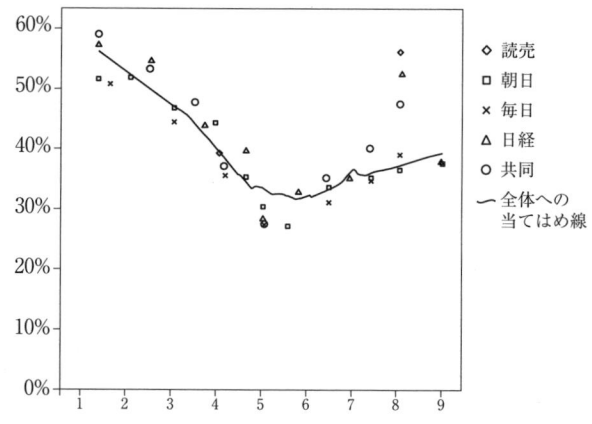

図1-7 「相対」内閣支持率の「局所的重み付け回帰平滑法」による当てはめ線：2008年1～8月末

6．結　　論

本章では，2つの主要な問いを立てた。1）政党支持率・内閣支持率が報道各社で大きくばらつく問題をどのように捉えるべきか，2）マスコミの世論調査はどのくらい信頼できるのか，である。

6.1 報道各社における政党支持率・内閣支持率のばらつきの問題について

（1-1）政党支持率・内閣支持率として，複数の指標を考えておき，そして時期と必要に応じて，適切なものを使う。時点によって，目的によって，どの指標が適切かは異なるかもしれない。

（1-2）新しい政党支持率・内閣支持率の指標として，「相対」政党支持率＝「各政党支持数÷総政党支持数」と，「相対」内閣支持率＝「内閣支持数÷（「支持」と「不支持」の合計数）」とを提案する。

（1-3）報道機関によって，政党支持なしやDK/NAの比率が異なり（その原因は，標本誤差だけでなく調査方法の相違にもあると推測している），通常使われている政党支持率・内閣支持率（本章の用語では，「絶対」政党支持率・「絶対」内閣支持率）に影響を与えている。つまり，支持なしやDK/NAの比率の差は，報道各社で政党支持率・内閣支持率が異なる一因となっている。本章で提案している「相対」政党支持率・「相対」内閣支持率は，支持なしやDK/NAを分母から除いているため，これらの影響を軽減することができる。

（1-4）「相対」政党支持率・「相対」内閣支持率は，従来の指標（「絶対」政党支持率・「絶対」内閣支持率）よりも，報道機関の間でのばらつきが小さいという意味で，今回のデータ分析の範囲内では，より安定的な指標である。

（1-5）報道機関による数値の違いを説明する仮説の1つに，報道機関イメージ説（調査する社のイメージによって「答えたがる人には違いがある」との説）があるが，「相対」政党支持率・「相対」内閣支持率で5社を比較した結果，この仮説に否定的な結論が得られた。

（1-6）「相対」政党支持率・「相対」内閣支持率を用いると，データのばらつきを抑えることができるので，時系列的なトレンドを追いやすくなり，政党支持率・内閣支持率の変化について，より明確に判断できる。

6.2 マスコミの世論調査は信頼できるか

（2-1）報道機関による政党支持率や内閣支持率は，調査日が同じ場合でさえ，若干のあるいは大きな違いを示すことがある。この理由の一端は標本誤差

にあるが，それだけでは説明できそうもない。

（2-2）世論調査結果のばらつきの原因の1つは標本誤差であろうが，近年の報道各社はRDDを採用し，それとともに，（調査頻度は増えているかもしれないが，）一回当たりの標本サイズが縮小しているのではないか。そうだとすると，標本誤差が大きくなり，ばらつきも大きくなった可能性がある。一般により大きな標本サイズを確保できれば，報道機関の間での標本誤差に由来するばらつきは減ると予想される。

（2-3）標本サイズを大きくしても，調査方法の違いに由来するばらつきは減らない。けれども，本章で提案した「相対」政党支持率・「相対」内閣支持率を計算してみると，調べた範囲内では各社間のばらつきは小さくなった。このことは，報道機関による世論調査の結果は，見かけのばらつき以上に類似性が高いことを推測させる。すなわち，報道機関による世論調査は，見かけの結果のばらつき以上に，実は類似した結果を内蔵しており，測定の安定性という意味で世論調査は見かけ以上に「信頼性」があるのではあるまいか[3]。

謝辞：分析で使用したのは公表データであるが，収集に際して読売新聞東京本社編集局世論調査部の御協力を頂いた。ここに記し，感謝申し上げる。ただし，文責は，すべて筆者にある。

1) 測定の「妥当性」の問題は，本章の範囲外である。
2) 報道各社で世論調査結果の数値が異なる理由は，たとえば次のように説明されている。読売新聞（2007年11月5日）の，「基礎からわかる「世論調査報道」」という記事の見出しには，「各社の数値なぜ違う」とか「質問文が回答に影響か」などが踊っている。同頁の「「民意」どう読む」というコラムでは，調査結果の相違を生む可能性のある4つの要因が指摘されている。1）質問文，（質問文の相違や，回答選択肢の相違），2）調査方式，（訪問面接調査かRDD電話調査かなど），3）調査する社のイメージ，（報道機関によって「答えたがる人には違いがある」との説），4）調査の運用，（調査時間帯の違い，調査マニュアルの違いなど），の4つである。（同頁によれば，朝日新聞社広報部にコメントを求めたところ，報道機関によって調査結果が異なる理由として，1）質問の違い，2）調査の運用の違い，が挙げられたという。）これらは，可能性として列挙されてい

るだけで，どのような場合にどの要因がどのくらい影響しているか，どの要因の効果が大きくてどの要因は効果がないか，などは，調べられていない。以上の要因以外に，もちろん標本誤差による違いも各社の数値が異なる原因である。
3) 2008年2月16〜17日終了の複数社の調査があるようだが，入手データに不足があるため，今回の分析では省いている。

参 考 文 献

1. 西澤由隆「選挙研究における「政党支持」の現状と課題」『選挙研究』(13)，1998年。
2. 松本正生『世論調査と政党支持』法政大学出版局，1991年。
3. 三宅一郎『政党支持の構造』木鐸社，1998年。
4. 宮野勝「「政党支持なし」の下位分類についての研究ノート」
『中央大学文学部紀要』(通号183)，2000年3月。
5. 読売新聞「基礎からわかる「世論調査報道」(2007年11月5日朝刊31頁)，2007年。

※ 本章は，『中央大学社会科学研究所年報』第13号（中央大学社会科学研究所，2009年）収載「『相対』政党支持率と『相対』内閣支持率の安定性についての試論：マスコミの世論調査の信頼性」に一部修正を施したものである。

第 2 章
内閣支持率の測定と内閣交替希望時期
―― ネット調査の分析 ――

宮 野　　勝

1．はじめに

　内閣支持・不支持に関する世論は，内閣の交替に影響を与えうる重要な指標であり，測定の方法は精査されるべきであるが，まだ検討されていない点も多いのではなかろうか。もっとも，実際の調査の現場では様々な試みがなされてきているようで，われわれの試行もその枠内かもしれない。ただし文献探索した範囲では，これらの貴重な試みは研究として蓄積されてきていないのではないかと思われた。そこで本章では，筆者の試みを紹介し，内閣支持の測定について考察する（本章は宮野（2015）の大幅な改定版である）[1]。

　1点目のテーマは，「回答選択肢によって内閣支持率がどのように変化するのか」である。通例のマスコミの内閣支持率調査の質問は，2つの選択肢（「支持する」か「支持しない」か）であるが，たとえば5つの選択肢（「強く支持する」「少し支持する」「どちらともいえない」「あまり支持しない」「まったく支持しない」）にするとどうなるのだろうか。さらに7つの選択肢にするとどうなるのだろうか。選択肢が増えれば多様な選択肢の間で回答が散らばると予想されるが，この予想は実際にはどの程度当てはまるだろうか。また性別・年齢別・支持政党別で，選択肢の増加はどのように影響するだろうか。

　テーマの2点目は，「内閣支持がどのような時に，国民は内閣の即時交替を望むのか」である。具体的には，各有権者において，「内閣支持の度合い」と「内

閣交替を希望する時期」とがどのように関連しているのかを調べる（本章では，「内閣交替」は「別の首相の内閣との交替」を指すものとする）。ごく単純に予想すると，内閣を「支持する」者は内閣の長期存続を望み，内閣を「支持しない」者は内閣の即時交替を望み，そして内閣支持について「どちらともいえない」者は，内閣の存続と交替の間で二分される，となるかもしれない。このような単純な予想はどの程度あてはまるだろうか。そして個人レベルの意図を総合するとき，内閣支持率と内閣交替希望時期とは，どのような関係にあるのだろうか。

以上の2点を通じて，現行の内閣支持率調査は，国民の内閣支持の心理をどの程度まで適切に測定できているのかを検討する。また内閣支持率調査から，国民の「内閣交替」の希望をどの程度まで推測できるのかについても考察する。

2．課　　　題

内閣支持率が重要な指標であるにもかかわらず，内閣支持の測定には検討の余地があると思われる。本章で問題にするのは次の2点である。

第1に，現行の世論調査で広く使われている2値評価による内閣支持調査は，内閣の支持に関する世論をどの程度まで測定できているのかという問題である。たとえば，支持・不支持の程度が「強い」か「弱い」かを選択肢に含めることが考えられる。また，「どちらともいえない」を真ん中に挟むと，支持・不支持を選べないで「わからない」などとされている回答者のうち「どちらともいえない」の割合を知ることができるようになる。一般的には，選択肢を増やすことで，有権者の支持・不支持のニュアンスをより詳しく理解することができるようになると期待される。そこで2値評価に加え，5値評価・7値評価も試みる。

第2に，内閣支持率の値やその上下は，内閣に対する国民の様々な思いを，どの程度まで測定できているのかという問題である。その中から特に「内閣交替」についての世論を取り上げる。執筆の1つの契機は，2011年6月上旬の新

聞社世論調査をみて,「菅内閣の支持率と，早期退陣を求めるか否かという質問への回答とが対応していないのではないか」と考えたことにもあった（この点については後述）。

2.1 内閣支持率についての先行研究

　内閣支持率については，猪口（1983）・西澤（1999）をはじめとして，内閣支持率がどのような要因に左右されるかという因果的な原因を問う研究がなされてきている。岩渕（1999）・前田（2005）のように一定期間の内閣支持率とその変動についての研究もある。飯田（2005）・中村（2006）のように政党支持と内閣支持との相互作用についての研究も始まっている。また面接調査と電話調査という調査法の違いによる結果の差についての牧田（1998）などの検討も存在する。社説やブログと世論調査の内閣支持率の関係について考える吉田（2006）・中瀬（2010）・細貝（2010）などの試みもある。

　ただしこれらの研究は，本章の課題と直接にかかわるものではない。内閣支持の測定の仕方それ自体の検討は，むしろ実際の調査の現場で以前から様々な試みがなされてきていると思われる。

　たとえば浜田（1998）は，毎日新聞社の1940年代からの質問形式の変遷を紹介している。また本章と類似した実験調査を紹介した例として，「巻頭言」の中での言及であるが，平松（2010）を見出した。「質問と回答の形式の違いと調査結果との関係に興味を持ち，回答形式を違えて比較する実験調査をしたことがある。橋本内閣の時だからずいぶん古いが紹介しよう。『支持する』『支持しない』と2択だと『支持』は30%，4択にすると39%。回答を『是非続けてほしい』『続くのはやむをえない』『総辞職すべき』『国会を解散すべき』では3%，56%，21%，1%，無回答1%，であった。『支持』とは言えないが『続けよ』が合わせると59%である。回答形式を変えるだけで数字はこれだけ動く。」（平松，2010, p. 1）。

　なお，われわれのデータ，また同時期のマスコミ調査を比較するときに，通常の内閣支持率の他に，宮野（2009）（微修正したものを本書第1章として収録）

で提案した「相対」内閣支持率という概念を併用する。通常マスコミが報道するのは「有効回答者総数」を分母にしたいわば「絶対」内閣支持率であるが、それに対し「支持・不支持を表明した人」を分母として支持の率を求めたものを「相対」内閣支持率とよんでいる（文献を調べる中で、内閣支持率について新聞各社の世論調査を比べるための類似のアイデアを見出したが、名づけなどはされていないようであり、ここでも「相対」内閣支持率という言葉を用いる[2]）。「相対」内閣支持率は調査方法の微妙な相違などを吸収するため、マスコミ各社間の比較にも有用である。

2.2 内閣支持率の調べ方

内閣支持率の調べ方について、2点の懸念がある。

第1に、内閣支持を2値評価で問うべきか否かという点である。他の項目についての質問（政治関心・政党支持・政策態度など）で、「支持する・支持しない」や「好き・嫌い」を問うとき、4段階・5段階・7段階などの選択肢を用意することが少なくない。内閣支持を2値評価で問う質問は、有権者の内閣支持の心情をくむのにふさわしいだろうか。

時事通信社世論調査（1989~2004年）を分析した前田（2005）は、「明確に選択肢が提示されていないにもかかわらず、『わからない』の比率が、本稿検討期間中で平均23.7%」（1頁）であることを指摘している。「わからない」の比率は、内閣支持のマスコミ世論調査でも系統的な高低があると思われる。これは調査方法の詳細、たとえば、支持・不支持以外の選択肢（「関心がない」など）を提示しているか否かとか、「支持する」も「支持しない」も選ばなかった回答者に「あえて選ぶとするとどちらか」と追加質問するように指示が出ているか否か、などによって異なってくるであろう。

また前田（2005）は、「『わからない』（おそらく『どちらでもない』をも含む）」（4頁）としているが、「わからない」がどのくらい「どちらでもない」を含むのかという点も、各時点で調べないとわからない。従来の内閣支持率調査で「わからない」などとされてきた回答者には、「支持とも不支持ともいいがたく、

その中間である」者や,「内閣について知識がなく判定できない」者など, 様々なケースが含まれているだろう。今回はそのような詳細までは調べられないが, まずは「どちらでもない」と「わからない」を分けることを試みる。

　第2に, 内閣支持を（2値にせよ5値にせよ）1問で問うだけでよいのだろうかという点である。有権者の「内閣不支持」には様々なニュアンスや次元があると思われ, 有権者の微妙な心情まで理解するためには, 少し異なる角度からの質問を併用することが望ましいのではないか。

　これらの中から取り上げるのは,「内閣不支持であっても, 内閣の早期退陣を望んでいるとは限らない」という点である。内閣不支持であっても, 即時退陣を望む場合と, 一定の時期の後の退陣を望む場合, 退陣までは望まない場合, などがありうる。有権者のそのような心理を, どの程度まで通常の内閣支持・不支持の質問で間接的に推定してよいのだろうか。

　世論の測定という観点からは,「内閣不支持であっても内閣の早期退陣を望んではいない有権者が多い」場合には, 現行の内閣支持率調査（2値評価の1問のみ）を重視しすぎることは, 世論が求める以上に内閣の交替の頻度を上げる方向で機能することになる。

　なお調査頻度の問題も提起しておく。一般に「世論の変化」の判定は, 世論の測定頻度にも依存するという問題である。世論調査の時間的間隔を狭くして頻繁に調査するほど, 世論の短期の変動を拾うことになり,「変化」を記録する可能性は高まる。逆に, 調査頻度が少ないほど, 実際の世論の内閣支持と世論調査の内閣支持率とにずれが生じやすくなる。また調査結果の分析の遅れによっても, 社会また「政界」による認知ないし評価と世論との間のタイムラグを引き起こす可能性を生む[3]。

　代議制民主主義は, 世論の声を内閣にいつどのように反映させるべきかという点で, 微妙な問題をはらんでいる。内閣の交替（前述のように, 本章では, 内閣改造は含めず, 内閣退陣して首班が交替する場合を指す）の適否の判定は, 政治的にも微妙である。約5年半続いた小泉内閣の後, 2006年9月から2012年12月の6年余りの間に6つの内閣が交替し, 各内閣の存続期間は平均約1年だっ

た。内閣が適切に機能しないとき，一般に，交替は望ましい選択肢になろう。しかし他方で，政治体制の安定・政策の継続性・外交交渉などの観点からは，一般に，頻繁な内閣交替は好ましくない。内閣の評価の適切性の問題と相まって，内閣交替にかかわる秤量は容易ではない。

3．測定方法とデータ

3.1 内閣支持の質問の仕方についての検討

内閣支持率の調査で，選択肢を2値評価（3つの選択肢）から5値評価（6つの選択肢）や7値評価（8つの選択肢）にすると，どう変わるかを調べる。また内閣交替に関する質問を用意した。

3.1.1 2値評価と多値評価の質問と回答選択肢

2値評価の選択肢としては，「支持する・支持しない・わからない」を用意した。5値評価の選択肢としては，「強く支持する・少し支持する・どちらともいえない・あまり支持しない・まったく支持しない・わからない」を用意し，7値評価の選択肢としては，「強く支持する・支持する・少し支持する・どちらともいえない・あまり支持しない・支持しない・まったく支持しない・わからない」を用意した。表2-1に，2値評価と7値評価の質問文例を示す。

表2-1に示したように，われわれの調査では，2値評価においても5値評価・7値評価においても支持・不支持の選択肢の他に「わからない」も明示的に提示することにした。ただし「わからない」は，内閣支持の有無や程度を明示する選択肢ではないため，2値評価・5値評価と呼ぶ中には含めず，2値評価（3選択肢）・5値評価（6選択肢）などと呼ぶことにする（以下では，誤解が生じにくいと思われる場合には，「2値評価（3選択肢）」を「2値評価」「2値」，「5値評価（6選択肢）」を「5値評価」「5値」などとする略称も用いる。また2値より多い5値・7値などを総称して「多値」と呼ぶことにする）。

表 2-1　内閣支持の質問文例（2015年2月のネット調査）
（調査票の冒頭近くで2値評価，末尾近くで7値評価を質問している）

問4　あなたは，今の安倍内閣を支持しますか。1つだけ選んでください。
　(1) 支持する　　　　(2) 支持しない　　　　(3) わからない

問22　今の安倍内閣に対する支持を，1つ選ぶとすると，どれを選びますか。
　(1) 強く支持する　　(2) 支持する　　(3) 少し支持する　　(4) どちらともいえない
　(5) あまり支持しない　　(6) 支持しない　　(7) まったく支持しない　　(8) わからない

　2値評価の他に多値評価（5値評価あるいは7値評価など）を質問に加える場合，2値評価のみの提示の他に，

　　1）2値評価の質問を取りやめ，多値評価の質問のみにする
　　2）先に2値評価で質問し，後に多値評価で質問する
　　3）先に多値評価で質問し，後に2値評価で質問する

などの，複数の方法を考えられるが，本章では，2）を基本とした。

　1）「多値評価のみ」にした場合については，3）「先に多値評価」の場合で代用できると考えて省略する。2）と3）については，2014年4月の学生調査で2種類の質問紙を用意した結果を，宮野（2015）で紹介した。簡潔に述べると，「先に5値評価を聞くと，後の2値評価に大きな影響を与え，5値評価と2値評価とで「相対」内閣支持率が大きく異なった」が，「後で5値評価を聞くと影響は少なかった」。また，2値質問を調査票の後ろに回してしまうと，蓄積があるマスコミなどの2値質問の調査との比較可能性を減らしてしまう（キャリーオーヴァー効果のためである）。これらを考慮し，今回のネット調査では，すべて「2）　先に2値評価で質問し，後に多値評価で質問する」ことにした。

3.1.2　内閣交替に関する質問と回答選択肢

　有権者の「内閣支持」についての少し異なる観点として，2015年2月ネット調査では内閣交替の希望時期についても質問した。表2-2に質問文を示す。内

閣交替の希望時期についても（後に例示するように）マスコミによる調査がなされてきているが，「内閣支持」との関連についての検討は十分ではないと思われ，検討する。

表2-2 内閣交替の希望時期の質問文例（2015年2月のネット調査）

問23　今の安倍内閣は，いつ頃に他の首相の内閣と交替するのが「よい」と思いますか。最も近いものを1つだけ選んでください。
(1) 今すぐ交替するのがよい　　(2) 1か月後くらいに交替　　(3) 半年後くらいに交替
(4) 1年後くらいに交替　　　　(5) 2年後くらいに交替　　　(6) 3年後くらいに交替
(7) 4年よりも後に交替　　(8) 今のところ交替は考えなくてよい　　(9) わからない

3.2　データ

われわれが試みた2013年2月・2014年12月・2015年2月のネット調査における内閣支持の測定の試みを紹介する。

3.2.1　ネット調査

全国ネット調査3件の実施時期は異なるが，いずれも安倍内閣時の調査である。2013年2月調査は宮野を中心に企画した調査であり，2014年12月調査は三船・安野・宮野の共同企画の調査（中心は三船）で，2015年2月調査は宮野個人が企画した調査である。いずれも調査票を作成したうえで，実査は調査会社に依頼した。一覧を表2-3に示す[4]（以下では，誤解が生じにくいと思われる場合には，「ネット調査1」とか「調査1」などの略称も用いる。大学生の集合調査も実施しているが，今回は「直接」の分析対象とはしないため，紹介は省略する。大学生調査については，宮野（2015）を参照されたい）。

表 2-3　使用するデータ一覧

	調査会社	対象者	調査年月日	内閣	回収数
ネット調査1	調査会社A	全国20〜69歳	2013年 2月 9〜13日	安倍内閣	800
ネット調査2	調査会社B	全国20〜69歳	2014年12月15〜18日	安倍内閣	1,450
ネット調査3	調査会社B	全国20〜69歳	2015年 2月17〜20日	安倍内閣	1,493

3.2.2　データの選択

　ネット調査2(2014年12月)・ネット調査3(2015年2月)では，回答に時間と手間がかかる一連の質問が含まれていた。これらの質問に対して同一の番号を選択し続けるなどの回答があり，恣意的にならないように配慮しつつ，一定の合理的と思われる基準を設定し，スクリーニング（データの選択）をすることにした[5)6)]。この結果，今回の分析に使うのは，ネット調査2は全1,450回答中1,299(89.6%)，ネット調査3は全1,493回答中1,330(89.1%)になった。同様の設問がないネット調査1(2013年2月)についてはデータの選択は行っていない（スクリーニングの詳細は注5・注6参照。スクリーニングなしの全データでの分析も試みている。当然ながら数値は動くが，結論の本筋に影響を与えるほどではないと判断し，基本的に省略する）。

3.2.3　調査方法の共通点と相違点

　異なる調査を比較するに際して，比較可能性を検討すべきである。一般に，異なる調査間では，①調査対象者の違い，②調査方法の違い，など，表2-4に示したような，多様な相違が存在する。

　ただし，これらの相違が存在しても，回答の分布に影響を与えない場合も少なくなく，あるいは，系統的な偏りが生じるだけのこともある。ある程度の相違は，分析の仕方によって比較可能になる。

表 2-4 　内閣支持率の調査間での調査方法などの共通点・相違点

①調査の対象者	全国の固定電話保持世帯の住人，各ネット会社のモニタ，など
②調査方法	RDD電話調査，ネット調査，など
③調査主体	マスコミ各社，研究者，など
④実査担当主体	実査を担当する調査会社，など
⑤調査時期	当該調査年月日
⑥内閣	調査時の首相
⑦内閣支持率の高低	高い時期，低い時期
⑧質問文	質問文の違い，回答選択肢の違い，など
⑨質問の位置	調査票の最初の方か，最後の方か，など
⑩先行する質問	ある質問に至るまでの質問の相違
⑪データ選択	有無，程度，選択基準，など

　一般に，調査方法などが諸点で異なった調査間で類似した結果が安定的に得られる場合，その異なる諸点は回答への影響は少ないと推測してもよいだろう。たとえば同時期の異なるマスコミによる内閣支持率調査の結果が，持続的に標本誤差の範囲内に収まっていて，各マスコミの結果に系統的な偏りがないとするならば，それらのマスコミ調査間では，調査主体・細かい調査方法・質問文の微妙な差異・質問の位置などの影響は微小であるとみなせるであろう（宮野2009参照）。

　これに対し，調査方法などが諸点で異なる調査間で異なった結果が得られる場合，どの原因が回答に影響しているのかの見極めは，簡単ではなくなる。たとえば各マスコミの結果に系統的な偏りがある場合には，調査主体・細かい調査方法・質問文の微妙な差異・質問の位置などの，どの違いの影響であるのかを特定するのはより難しくなる。

　ここでは3回のネット調査間での，共通点・類似点と相違点とを述べる（マスコミ調査間で，またマスコミ調査とわれわれのネット調査との間での，調査方法の異同については扱わない）。

　今回使うネット調査の3回を通じての共通点・類似点としては，①調査の対象者は全国一般（各ネット会社のモニタ），②調査方法はネット調査，③調査主体

は研究者，④実査主体はネット調査会社，⑥内閣は安倍内閣，⑧質問文は類似，⑨質問の位置は類似（冒頭近くで2値質問，末尾近くで多値質問），などである。

相違点であるが，3回を通じて異なるのは，⑤調査時期の違い，⑨質問の位置（類似しているが，等しくない），⑩先行する質問の相違（によるキャリーオーヴァー効果），である。調査1と調査2・3との違いとして，①実査担当会社の違い，⑦内閣支持率の高低の違い，⑪「データ選択」の相違，などがある。また調査1・2と調査3との違いは，⑧質問文（5値と7値）である。

3回のネット調査を通じて安定的に観測できる事柄については，相違点の影響は小さいのではないかと推測するが，結果が異なる場合については，より丁寧な検討が必要になる。

3.3 分析方法

全国調査である3回のネット調査を分析する。まず予備的分析として，ネット調査と同時期のマスコミ世論調査を紹介する。マスコミ調査間で比較し，またネット調査と比較する。

次に主要部分であるネット調査について，大きく2点を分析する。第1に，2値評価と5値評価，5値評価と7値評価との異同である。性別・年齢別・支持政党別の分析も試みる。第2に，内閣支持と内閣交替希望時期との関連である。

以上の分析に際し，「絶対」内閣支持率と「相対」内閣支持率という概念を用いる（宮野2009参照）ので，紹介しておく。

内閣支持の質問に対する回答は「支持する」「支持しない」「その他」に分けられる。

「絶対」内閣支持率は，通常使われている内閣支持率である。

「絶対」内閣支持率＝「支持する」数÷全有効回収者数

これに対し「相対」内閣支持率を，次のように定義する。

「相対」内閣支持率＝「支持する」数÷（「支持する」数＋「支持しない」数）

分子は同じであるが，分母を変えている。「絶対」内閣支持率は，支持・不支持以外（つまり「その他」）の回答の多寡に大きな影響を受けてしまう。「そ

の他」の回答数は時期によっても調査方法によっても変化するので，この影響を除いて考えるために，分母から「その他」を除いたものが，「相対」内閣支持率である。「その他」はゼロではないので，「相対」内閣支持率は「絶対」内閣支持率よりも常に大きくなる。宮野（2009）が分析対象とした2008年1月から2009年2月初めでは，「絶対」内閣支持率よりも「相対」内閣支持率の方が，マスコミ調査間で差が小さくて信頼性が高かった。

4．内閣支持率の分析

4.1 マスコミの内閣支持率調査との比較

マスコミ世論調査とネット調査の2値評価質問での比較を，表2-5に示す[7]。

第1に，マスコミの調査の間で，結果が近似しているかどうか確認する。第2に，ネット調査の「偏り方」を確認するため，同時期のマスコミによる内閣支持率と比較する。われわれのネット調査は，マスコミの全国電話調査から，どのように離れているだろうか。

4.1.1 マスコミ調査間での比較

同時期の調査であっても，マスコミ調査間では，内閣を「支持する」という回答それ自体の率（＝「絶対」内閣支持率）は，ある程度までばらつく。たとえば表2-5では，「絶対」内閣支持率のレンジ（最大と最小の差）は，2013年2月には9％（4社），2014年12月前半には8％（4社），2015年2月前半には8％（3社），2015年3月前半には11％（4社）と，4つの時期で8～11％（平均9％）である。

「絶対」内閣支持率の違いは，支持・不支持以外の回答の多寡に大きな影響を受けるため，その影響に配慮した「相対」内閣支持率（＝「支持」÷（「支持」＋「不支持」））で比較する。「相対」内閣支持率のレンジ（最大と最小の差）は，表2-5では，2013年2月には3.6％（4社），2014年12月前半には0.5％（4社），2015年2月前半には3.4％（3社），2015年3月には5.7％（4社）と，4つの時

表2-5 ネット調査とほぼ同時期のマスコミ調査における内閣支持率
（2値質問での比較）

社名	開始	終了	回収数	回収率	内閣	支持	不支持	その他	相対支持率
毎日	2013/2/2	2/3	921	63	安倍	63	19	18	0.768
読売	2013/2/8	2/10	1,072	59	安倍	71	18	11	0.798
NHK	2013/2/9	2/11	1,078	65	安倍	64	20	16	0.762
ネット	*2013/2/9*	*2/13*	*800*		安倍	*46*	*20*	*34*	*0.695*
朝日	2013/2/16	2/17	1,603	58	安倍	62	17	21	0.785
*	*	*	*	*	*	*	*	*	*
NHK	2014/12/5	12/7	1,348	68	安倍	47	38	15	0.553
毎日	2014/12/9	12/10			安倍	43	34	23	0.558
朝日	2014/12/15	12/16	1,166	50	安倍	43	34	23	0.558
読売	2014/12/15	12/16			安倍	51	41	8	0.554
ネット	*2014/12/15*	*12/18*	*1,450*		安倍	*38*	*40*	*22*	*0.484*
読売	2014/12/24	12/25			安倍	49	41	10	0.544
*	*	*	*	*	*	*	*	*	*
読売	2015/2/6	2/7			安倍	58	34	8	0.630
NHK	2015/2/6	2/8	978	65	安倍	54	29	17	0.651
朝日	2015/2/14	2/15	1,840	47	安倍	50	31	19	0.617
ネット	*2015/2/17*	*2/20*	*1,493*		安倍	*37*	*39*	*24*	*0.488*
読売	2015/3/6	3/8			安倍	55	35	10	0.611
NHK	2015/3/6	3/8	1,075	66	安倍	46	37	17	0.554
朝日	2015/3/14	3/15	1,921	48	安倍	46	33	21	0.582
毎日	2015/3/14	3/15			安倍	44	34	22	0.564

期で1～6％（平均3％）である。

「絶対」内閣支持率でみるとマスコミ間の不一致は大きくみえる。しかし「相対」内閣支持率でみるとマスコミ間の不一致は相対的に小さく，マスコミ各社間の差は「標本誤差の範囲内」で，結果は近似している[8]。

4.1.2 マスコミ調査とネット調査との比較

われわれのネット調査も全国調査ではあるが，抽出母体がモニタであり，また回収結果で全国の年齢別などと対応するように標本抽出しているなど，マスコミ調査とは著しく異なる点がある。このため，たとえば年齢別の回収割合な

どはマスコミ調査と異なることになる[9]。

では内閣支持率はどのくらい異なっているだろうか。ネット調査と実施日が1週間以内で重なっているマスコミ調査とを比べる。

2013年2月は，安倍内閣発足から日も浅く，内閣支持率は高めだった。表2-5によると，当時の安倍内閣の「絶対」支持率は，4社のマスコミ調査で62～71％（平均65％），ネット調査1で46％だった。「相対」支持率は，マスコミ4社は76.2～79.8％（平均77.8％），ネット調査1は69.5％だった。ネット調査1は，4社平均と比べ，「絶対」で19％，「相対」で約8％低い[10]。

2014年12月は，12月前半のマスコミ3社では，安倍内閣の「絶対」支持率の平均は46％，「相対」支持率の平均は55.7％で，いずれも20％前後，2013年2月から下落している。ネット調査では，それぞれ，38％，48.4％で，マスコミ4社と比べ，「絶対」で8％，「相対」で約7％低い[11]。

2015年2月のネット調査と，調査時期が1週間以内のマスコミ調査は朝日調査のみであり，朝日調査と比較する（1社のみであるため，値の信頼性は小さくなる）。朝日調査で「絶対」支持率は50％，「相対」支持率は61.7％であり，いずれも朝日の2014年12月より6～7％ほど上昇している。ネット調査では，それぞれ，37％，48.8％で，2014年12月調査とほぼ同じであるため，朝日調査より「絶対」でも「相対」でも約13％低い。

以上，3回を比較した結論として，ネット調査の方が「系統的に」低かった。3社以上と比較した2回分については，「相対」内閣支持率でネット調査が7～8％低かった。「相対」で低いのは，われわれのネット調査で「不支持」はマスコミ調査並みであるのに，「支持」がマスコミ調査よりかなり低いためである。この系統的な「ずれ」の原因は特定できていない。

4.2　2値評価と5値評価と7値評価の比較

内閣支持質問への回答は，回答選択肢が2値（3選択肢）か5値（6選択肢）か7値（選択肢）かでどのように異なるだろうか。最初に2値で質問して後に5値または7値で質問する場合について検討する。

表2-6に，ネット調査1（2013年2月）の，内閣支持の「2値評価（3選択肢）」と「5値評価（6選択肢）を3値に変換した変数」とのクロス表を示す。（3値変換は，「強く支持する」・「少し支持する」を「支持する」，「どちらともいえない」はそのまま，「あまり支持しない」・「まったく支持しない」を「支持しない」とした。）表2-7・表2-8は，ネット調査2（2014年12月）・ネット調査3（2015年2月）の同様のクロス表である（ただし2015年2月調査は7値を3値変換している）。差異を問題にするため，表内の百分率は小数点以下1位まで示す[12]。

表2-6　ネット調査1の，内閣支持2値評価と5値評価（3値変換）のクロス表

2013−02 （N=800）	支持する	どちらともいえない	支持しない	わからない	合計	列%
支持する	*91.6%*	7.3%	0.0%	1.1%	369	46.1%
支持しない	3.7%	9.3%	*84.6%*	2.5%	162	20.3%
わからない	*18.6%*	*46.8%*	*17.5%*	*17.1%*	269	33.6%
合計	394	168	184	54	800	
行%	49.3%	21.0%	23.0%	6.8%		

表2-7　ネット調査2の，内閣支持2値評価と5値評価（3値変換）のクロス表

2014−12 （N=1299）	支持する	どちらともいえない	支持しない	わからない	合計	列%
支持する	*93.3%*	5.9%	0.6%	0.2%	491	37.8%
支持しない	1.9%	8.4%	*89.7%*	0.0%	524	40.3%
わからない	*14.8%*	*56.3%*	*17.6%*	*11.3%*	284	21.9%
合計	510	233	523	33	1,299	
行%	39.3%	17.9%	40.3%	2.5%		

表2-8　ネット調査3の，内閣支持2値評価と7値評価（3値変換）のクロス表

2015−02 （N=1330）	支持する	どちらともいえない	支持しない	わからない	合計	列%
支持する	*96.1%*	2.8%	0.8%	0.2%	493	37.1%
支持しない	4.4%	4.2%	*90.9%*	0.4%	518	38.9%
わからない	*28.8%*	*46.7%*	*16.9%*	*7.5%*	319	24.0%
合計	589	185	529	27	1,330	
行%	44.3%	13.9%	39.8%	2.0%		

表2-6・表2-7・表2-8は，いずれも①安倍内閣時の，②全国ネット調査で，③当該項目の質問文は同等で，④先に2値質問をし，間に少なからぬ質問をはさんでから多値質問をしている，という共通点がある。

しかし次の点で大きく異なっている。①調査1は，安倍内閣就任（2012年12月）直後の高い支持率の時期であり，調査2・調査3は，支持率がそれほど高くない時期である。②調査1（A社）と調査2・調査3（B社）とでは調査会社が異なる。③各調査では，2値評価に先行する質問も多値評価までの間の質問も大きく異なる。④調査2・3では，データ・セレクションの結果，各約10%の回答を落としている。⑤多値評価が，調査3のみ，5値評価でなく7値評価である。

4.2.1　2値質問と多値質問（3値変換）の比較

表2-6・表2-7・表2-8を，まず2値と多値との比較という観点から検討する。調査として大きな相違点が存在するにもかかわらず，表2-6・表2-7・表2-8から，次の5つの類似点を読み取れる。

(1)　2値評価で「支持あり」と答えたうちの92〜93%は5値評価でも「支持あり」を選んでいる（7値では96%）が，6〜7%は「どちらともいえない」を選んでいる（7値では3%）。

(2)　2値評価で「支持しない」と答えたうちの85〜90%は5値評価でも「支持なし」を選んでいる（7値では91%）が，8〜9%は「どちらともいえない」を選んでいる（7値では4%）。

(3)　2値評価の「わからない」は，5値評価で「どちらともいえない」が多い（47〜56%，7値でも47%）。

(4)　2値評価の「わからない」には，5値評価で「(弱い)支持」や「(弱い)不支持」も混ざっている（32〜36%，7値では46%）。

(5)　2値評価で「わからない」でも，5値評価では「わからない」回答者は少ない（11〜17%，7値では8%）。

これらの結果，表2-9に示すように，2値評価と5値評価とでは，「絶対」

内閣支持率で1.5〜3.2%（7値では7.2%），「相対」内閣支持率で1.0〜1.3%（7値では3.9%），異なることになる．

2値に比べて多値では，一般に「弱い支持」の分が増えるため，「絶対」内閣支持率は微増する．ただし同時に「弱い不支持」も増えるので，一般に「絶対」内閣支持率より「相対」内閣支持率の変動の方が小さくなる[13]．

表2-9　3つのネット調査の「絶対」内閣支持率と「相対」内閣支持率

	2013−2		2014−12		2015−2	
	「絶対」	「相対」	「絶対」	「相対」	「絶対」	「相対」
2値評価	46.1%	69.5%	37.8%	48.4%	37.1%	48.8%
5値評価（2015は7値）	49.3%	68.2%	39.3%	49.4%	44.3%	52.7%
差	3.1%	−1.3%	1.5%	1.0%	7.2%	3.9%

4.2.2　5値質問（3値変換）と7値質問（3値変換）の比較

次に表2-7の調査2（5値）と表2-8の調査3（7値）とを比較する[14]．

両調査における内閣支持の3値変換の単純集計結果を比べる．表2-7・表2-8より，2014年12月（N=1299）→2015年2月（N=1330）で，2値評価（3選択肢）で，支持は37.8%→37.1%，不支持は40.3%→38.9%，わからない21.9%→24.0%だった．表2-9の「相対」内閣支持率でも48.4%→48.8%と酷似している．この2時点では，2値評価（3選択肢）の内閣支持について，単純集計の限りでは，内閣支持に関して大きな変化はなかった．

これに対し，5値評価と7値評価との比較について，調査前に，「選択肢が増えれば，回答は選択肢間でばらつく」と予想した．すなわち，「支持」と「不支持」の選択肢が各1つずつ増える7値評価においては，5値評価よりも「どちらともいえない」という中間回答も「わからない」というDK回答も減ると予想した．結果は予想通り，「どちらともいえない」17.9%→13.9%，「わからない」2.5%→2.0%と，合計で4.5%少なく，次のようにまとめておく．

　(6)　「どちらともいえない」「わからない」は，5値評価よりも7値評価では減る．

予想では，この減少分は支持と不支持とに振り分けられると考えていた。しかし，今回の調査では，この減少分のすべては，周辺度数でみる限り，「支持」の側に移ってしまった。表2-7でみると，絶対内閣支持率は39.3%→44.3%（5.0%増）になっている。これに対し，5値評価から7値評価になって「支持しない」の選択肢も2つから3つに増えたにもかかわらず，周辺度数では40.3%→39.8%と，ほぼ変わらなかった。この結果，相対内閣支持率は49.4%→52.7%（3.3%増）である。

特に，2値評価（3選択肢）で「わからない」との回答者で7値評価では「支持する」割合が，5値評価に比べ14.8%から28.8%とほぼ倍増していることが直接的な原因である。2つの調査の相違点は，①質問文のキャリーオーヴァー効果の相違，②5値評価と7値評価との相違，③調査時期の相違（2015年2月上旬のマスコミ調査では，内閣支持率が数%上昇している），であった。倍増の原因として，まずこの3点が考えられる。別の仮説として，2値評価（3選択肢）で「わからない」との回答者には「どちらともいえない」「少し支持する」「あまり支持しない」の間で変化しやすい層が含まれており，そのために何らかの僅かな理由で「少し支持する」が多く出た，との可能性もある。

4.2.3　2値評価・5値評価・7値評価の変換前の比較

表2-6・表2-7・表2-8では，5値評価・7値評価を3値に変換して示したが，より詳細に比べるため，変換前の表を，表2-10・表2-11・表2-12として示す。

表2-10・表2-11の2回の結果から，5値評価により明らかになる点を述べる。

(7)　2値評価の「支持する」の中で，5値では「強い支持」より「弱い支持」の方が多い。

(8)　2値評価の「支持しない」の中で，5値では「強い不支持」と「弱い不支持」とは拮抗している。

(9)　2値評価の「わからない」で，5値で支持・不支持を選ぶ場合，ほとんどは「弱い」支持や「弱い」不支持である。

第 2 章　内閣支持率の測定と内閣交替希望時期　43

表 2-10　ネット調査 1 の，内閣支持の 2 値評価と 5 値評価のクロス表

2013-02 (N=800)	強く 支持する	少し 支持する	どちらとも いえない	あまり 支持しない	まったく 支持しない	わからない	合計	列%
支持する	*34.1%*	*57.5%*	7.3%	0.0%	0.0%	1.1%	369	46.1%
支持しない	0.6%	3.1%	9.3%	*41.4%*	*43.2%*	2.5%	162	20.3%
わからない	0.7%	17.8%	*46.8%*	15.2%	2.2%	*17.1%*	269	33.6%
合計	129	265	168	108	76	54	800	
行%	16.1%	33.1%	21.0%	13.5%	9.5%	6.8%		

表 2-11　ネット調査 2 の，内閣支持 2 値評価と 5 値評価（3 値変換）のクロス表

2014-12 (N=1299)	強く 支持する	少し 支持する	どちらとも いえない	あまり 支持しない	まったく 支持しない	わからない	合計	列%
支持する	*26.1%*	*67.2%*	5.9%	0.6%	0.0%	0.2%	491	37.8%
支持しない	0.0%	1.9%	8.4%	*46.0%*	*43.7%*	0.0%	524	40.3%
わからない	0.0%	14.8%	*56.3%*	17.3%	0.4%	*11.3%*	284	21.9%
合計	128	382	233	293	230	33	1,299	
行%	9.9%	29.4%	17.9%	22.6%	17.7%	2.5%		

表 2-12　ネット調査 3 の，内閣支持 2 値評価と 7 値評価（3 値変換）のクロス表

2015-02 (N=1330)	強く 支持する	支持する	少し 支持する	どちらとも いえない	あまり 支持しない	支持しない	まったく 支持しない	わからない	合計	列%
支持する	*10.3%*	*50.1%*	*35.7%*	2.8%	0.8%	0.0%	0.0%	0.2%	493	37.1%
支持しない	0.0%	0.2%	4.2%	4.2%	*27.4%*	*29.3%*	*34.2%*	0.4%	518	38.9%
わからない	0.0%	1.6%	27.3%	*46.7%*	14.4%	1.3%	1.3%	*7.5%*	319	24.0%
合計	51	253	285	185	192	156	181	27	1,330	
行%	3.8%	19.0%	21.4%	13.9%	14.4%	11.7%	13.6%	2.0%		

⑽　「強い支持」も「強い不支持」も，必ずしも安定的ではない。

　安倍内閣就任直後の2013年 2 月と比べて2014年12月においては，2 値評価における内閣支持は下落している（46.1%→37.8%）。ただし，それだけでなく，減った「支持」回答の中でも，5 値では「強い支持」の割合が減っている（34.1%→26.1%）。全回答者の中で考えれば「強い支持」の割合は 3 分の 2 に減少したことになる（15.8%→9.9%）。

他方，この期間に2値での内閣不支持が増えている（20.3%→40.3%）。5値の「不支持」回答の中で「強い不支持」の割合は変わっていない（43.2%→43.7%）が，全回答者でみると「強い不支持」は倍増したことになる（8.8%→17.6%）。

次に7値評価である。7値評価を試みたのは2015年2月調査の1回だけで，結果の安定性は不明であるが，表2-12の読み取り結果を記す。

(11) 2値評価（3選択肢）で「わからない」との回答者で，7値で支持・不支持を選ぶ場合，ほとんど（約9割）は，「どちらともいえない」の両隣の「少し支持する」や「あまり支持しない」を選んでいる。

(12) 2値評価で「支持する」との回答者は，7値で「強く支持する」は少ない（10.3%）が，「少し支持する」(35.7%) より（両者の間の）「支持する」が多い（50.1%）。このことは，調査2と調査3との近似性を前提にするならば，5値評価で「弱い支持」を選ぶ場合でも，「非常に弱い支持」は半分くらいであった，ということを意味する[15]。

(13) 2値評価で「支持しない」との回答者は，7値評価では，「まったく支持しない」(34%)，「支持しない」(29%)，「あまり支持しない」(27%) に，ほぼ三等分されていた。

以上の(1)〜(13)の議論は，特定期間の少数回の調査に基づく帰納的な話である。これらの2値評価・5値評価・7値評価のクロス表に関する知見が，調査方法の相違・内閣の変化・時代の変化に対して，どの程度まで安定的であるかは，今後の研究による。

4.3 基礎変数と内閣支持
4.3.1 性別と内閣支持

内閣支持への回答それ自体は，一般に性別によって差がありうる。特に2値評価・多値評価・そのクロス表などで独自な性差があるかどうか検討する。

まず「性別」の内閣支持率を示している毎日新聞調査との比較を試みる。われわれのネット調査と，時期的に近い2013年2月・2014年12月・2015年3月の

3回の毎日調査の結果を，表2-13に示す（2015年は，ネット調査は2月で毎日調査は3月であるので，表では2015-2・3とした）。「相対」内閣支持率で，両者の性別の「差」を比べると，2013年2月・2015年2・3月では，男女とも，ネット調査が6〜9％低く，平均して約7％低い。2014年12月は，ネット調査は女性は15％低く，男性は1％低いが，男女平均すると約8％低い[16]。

「絶対」でも「相対」でも内閣支持に関しては，ネット調査と毎日新聞調査との「差」は，調査1・調査3では性別による違いは3％以内である。調査2のみ「差」の性別による違いが大きい（14％）。

表2-13 性別の内閣支持率：ネット調査と毎日新聞調査との比較

	「絶対」内閣支持率					「相対」内閣支持率				
	ネット		毎日新聞		差		ネット		毎日新聞		差	
	女	男	女	男	女	男	女	男	女	男	女	男
2013 − 2	41%	51%	59%	67%	−18%	−16%	69%	71%	75%	80%	−6%	−9%
2014 − 12	30%	46%	43%	45%	−13%	1%	40%	56%	55%	57%	−15%	−1%
2015 − 2・3	32%	43%	40%	48%	−8%	−5%	46%	52%	53%	59%	−7%	−7%
平均	34.3%	46.7%	47.3%	53.3%	−13%	−7%	51.7%	59.7%	61.0%	65.3%	−9.3%	−5.7%

次に，ネット調査における性別と内閣支持2値評価と多値評価（3値変換）のクロス表を，表2-14・表2-15・表2-16に示す。3つの表の最終列（2値質問の相対度数）を比較し，内閣支持質問それ自体についての性別の回答の違いを確認する。2値では，3回とも，男性の方が安倍内閣に対する絶対支持率は10％以上高い。それに対し，（絶対）不支持率の男女差はそれほど大きくない。「わからない」回答は，女性の方が多い。

調査1と調査2とを比べると，女性でも男性でも支持が減り（女性11.1％減，男性5.8％減），不支持が著しく増えている（女性25.4％増，男性14.4％増）。調査2と調査3とを比べると，女性は支持が微増（2.1％増）・不支持が微減（6.3％減）し，男性は逆に，支持が微減（3.8％減）・不支持が微増（4.0％増）したようにみえるが，この程度の数字の動きでは「標本誤差の範囲内」とも解釈可能であり，変化したかどうかは不明である。

表2-14　ネット調査1の，性別の内閣支持2値評価と5値評価（3値変換）のクロス表

2013-02 (N=800)		支持する	どちらともいえない	支持しない	わからない	合計	列%(性別)
女性	支持する	90.2%	8.6%	0.0%	1.2%	163	41.1%
	支持しない	2.7%	8.0%	84.0%	5.3%	75	18.9%
	わからない	18.2%	47.2%	16.4%	18.2%	159	40.1%
男性	支持する	92.7%	6.3%	0.0%	1.0%	206	51.1%
	支持しない	4.6%	10.3%	85.1%	0.0%	87	21.6%
	わからない	19.1%	46.4%	19.1%	15.5%	110	27.3%

表2-15　ネット調査2の，性別の内閣支持2値評価と5値評価（3値変換）のクロス表

2014-12 (N=1299)		支持する	どちらともいえない	支持しない	わからない	合計	列%(性別)
女性	支持する	93.1%	5.9%	1.0%	0.0%	203	30.0%
	支持しない	0.7%	9.7%	89.7%	0.0%	300	44.3%
	わからない	12.1%	56.9%	19.5%	11.5%	174	25.7%
男性	支持する	93.4%	5.9%	0.3%	0.3%	288	46.3%
	支持しない	3.6%	6.7%	89.7%	0.0%	224	36.0%
	わからない	19.1%	55.5%	14.5%	10.9%	110	17.7%

表2-16　ネット調査3の，性別の内閣支持2値評価と7値評価（3値変換）のクロス表

2015-02 (N=1330)		支持する	どちらともいえない	支持しない	わからない	合計	列%(性別)
女性	支持する	95.1%	4.0%	0.4%	0.4%	225	32.1%
	支持しない	5.3%	3.4%	91.0%	0.4%	266	38.0%
	わからない	27.3%	48.8%	15.3%	8.6%	209	29.9%
男性	支持する	97.0%	1.9%	1.1%	0.0%	268	42.5%
	支持しない	3.6%	5.2%	90.9%	0.4%	252	40.0%
	わからない	31.8%	42.7%	20.0%	5.5%	110	17.5%

表 2-14 〜表 2-16 で「2 値評価と多値評価のクロス表」における性別による違いを検討できる。詳細は注にまわし，性別による違いの結論のみ紹介する[17]。

表 2-13 も含め，性別による特徴をまとめる。

① 2 値評価の「絶対」内閣支持率にはかなりの男女差があるようだ（3 回の男女差の平均は，毎日調査で 6％の差，ネット調査で12％の差）。「相対」内閣支持率の男女差は「絶対」の 3 分の 2 だった（3 回の平均は，毎日調査で 4％の差，ネット調査で 8％の差）。

② ネット調査と毎日新聞調査との「差」は，内閣支持に関しては，「絶対」でも「相対」でも，調査 1・調査 3 では性別による違いは小さい（3％以内）が，調査 2 のみ「差」の性別による違いが大きい（「絶対」でも「相対」でも男女差は14％）。

③ 2 値評価で「支持」・「不支持」との回答者については，5 値評価での回答パタンに男女差がなかった。

④ 2 値評価で「わからない」との回答者については，男女差がない場合もあるし，若干の男女差が生じる場合もあった。

4.3.2 年齢と内閣支持

内閣支持への回答それ自体は，一般に年齢によって異なりうる。

内閣支持質問それ自体についての年代別の回答を表 2-17 に示す[18]。時期が近い調査 2・3 で比べると，年齢による差は小さいようだ（40代のみやや低目である）。

表 2-17　3 回のネット調査の, 年代別「内閣支持率」

		「絶対」内閣支持率			「相対」内閣支持率		
		2013-2	2014-12	2015-2	2013-2	2014-12	2015-2
2値評価	20代	50%	34%	38%	79%	47%	52%
	30代	37%	42%	39%	64%	56%	53%
	40代	44%	31%	32%	70%	41%	43%
	50代	51%	41%	42%	71%	51%	52%
	60代	49%	40%	36%	66%	45%	44%
	全体	46.1%	37.8%	37.1%	69.5%	48.4%	48.8%
5値評価 (2015年は 7値評価)	20代	53%	37%	*43%*	78%	48%	*54%*
	30代	41%	39%	*48%*	64%	54%	*57%*
	40代	49%	34%	*39%*	68%	44%	*48%*
	50代	51%	41%	*48%*	67%	51%	*55%*
	60代	53%	44%	*43%*	66%	49%	*49%*
	全体	49.3%	39.3%	*44.3%*	68.2%	49.4%	*52.7%*

　安倍内閣就任から日が浅い2013年2月調査は, 2値評価でも多値評価でも, どの年齢層においても一様に内閣支持率が高かった。「全体」でみると,「絶対」支持率では50%弱であるのに対し,「相対」支持率は70%弱の支持率になっていた。両者が20%近くも異なるのは, 明確な「不支持」が少なかったためである。

　2014年12月の衆院選直後の調査では, 2値評価でも多値評価でも, 安倍内閣支持率はどの年齢層においても落ちている[19]。「全体」で,「絶対」支持率では40%弱,「相対」支持率では50%弱になっていた。明確な「不支持」が増えたため,「絶対」と「相対」の相違が縮小している。

　調査3は, 2値評価でみると, 調査2と酷似しており,「全体」では1%未満の差しかない。ただし, 調査3では, 5値評価に変えて7値評価を試みた。7値になると, 2値の場合よりも「弱い支持」がかなり増えた。このため, 7値評価の「絶対」内閣支持率・「相対」内閣支持率は, 5値評価の調査2と比べ, それぞれ, 5%・3%増えている。この理由が, 7値評価の特性であるのか, その前に置かれている質問文の違いによるキャリーオーヴァー効果なのかなど

は，今回は検討できない[20]。

4.3.3 政党支持と内閣支持

調査2には，政党支持についての質問が含まれていた（他の2回のネット調査では政党支持質問が含まれていない）。まず政党支持別に，2値評価の内閣支持質問についての回答の相違を表2-18に示す（「わからない」との回答を「支持政党無し」とした。以下同様）。

表2-18の「相対」内閣支持率に注目すると，首相を出している自民党支持者では94%，連立与党の公明党支持者で70%と，「支持」の方が多い。維新の会支持者では49%で「支持」「不支持」がほぼ半々である。これに対し，「支持政党無し」では31%と「不支持」の方が多く，民主党支持者・共産党支持者では，14%・9%と圧倒的に「不支持」の方が多かった。

表2-18　ネット調査2の，政党支持別「内閣支持率」

2014-12 (N=1299)	支持する	支持しない	わからない	合計	列%	「相対」 内閣支持率
自民党	86%	5%	8%	287	22%	94%
公明党	57%	25%	18%	28	2%	70%
日本維新の会	39%	40%	21%	87	7%	49%
支持政党無し	22%	49%	29%	703	54%	31%
民主党	13%	76%	12%	78	6%	14%
共産党	8%	80%	12%	49	4%	9%
（その他の政党）	33%	39%	28%	67	5%	46%
合計	491	524	284	1,299		
行%	38%	40%	22%			48%

次に，「2値評価と5値評価のクロス表」に対して政党支持がどのように影響するか，表2-19に示す。

表 2-19　ネット調査 2 の，政党支持別の内閣支持 2 値と 5 値（3 値変換）のクロス表

2014-12 (N=1299)		支持する	どちらともいえない	支持しない	わからない	N
自民党	支持する	96.4%	3.2%	0.0%	0.4%	248
	支持しない	13.3%	20.0%	66.7%	0.0%	15
	わからない	37.5%	54.2%	8.3%	0.0%	24
日本維新の会	支持する	97.1%	2.9%	0.0%	0.0%	34
	支持しない	2.9%	14.3%	82.9%	0.0%	35
	わからない	22.2%	55.6%	22.2%	0.0%	18
民主党	支持する	100.0%	0.0%	0.0%	0.0%	10
	支持しない	1.7%	8.5%	89.8%	0.0%	59
	わからない	11.1%	55.6%	22.2%	11.1%	9
支持政党なし	支持する	88.5%	10.8%	0.6%	0.0%	157
	支持しない	1.7%	8.5%	89.8%	0.0%	343
	わからない	12.3%	55.7%	19.2%	12.8%	203
合計	支持する	93.3%	5.9%	0.6%	0.2%	491
	支持しない	1.9%	8.4%	89.7%	0.0%	524
	わからない	14.8%	56.3%	17.6%	11.3%	284

　表 2-19 では，ネット調査で政党支持者の実数が多かった 3 つの政党を選び，さらに「支持政党無し」を取り上げ，内閣支持のクロス表を示した（クロス表の度数が小さくなるため，支持者の実数が少なかった政党は外した）。

(1)　3 つの政党支持者は，「支持政党無し」(89%) と比べ，2 値評価で内閣「支持」とした場合に，5 値評価でも内閣「支持」と答える割合が高い（96〜100％）。

(2)　2 値評価で内閣「不支持」とした場合に，自民党支持者のみ 67％だが，それを除き，5 値評価でも内閣「不支持」と答える割合が高い（83〜90％）。

(3)　2 値評価で「わからない」とした場合に，5 値評価で「どちらともいえない」の割合は，4 つのグループすべてで 54〜56％で，ほぼ等しかった。しかし，5 値評価で内閣を「支持する」・「支持しない」の比率は，政党支持に左右されている。

5. 内閣支持率と内閣交替希望時期

5.1 マスコミ調査における内閣交替希望時期の質問例

2011年6月頃、菅内閣の支持率は低めだった（表2-20に示すように、6月4日前後の新聞3社では、絶対内閣支持率で24～31％、相対内閣支持率で30～35％）。しかし、新聞3社の退陣に関する質問への回答を見る限り、世論は早期退陣を求めてはいなかったように思われる。

表 2-20　2011年6月初めの、新聞3社の内閣支持率調査

社名	開始	終了	回収数	回収率（％）	内閣	支持（％）（絶対支持率）	不支持（％）	その他（％）	相対支持率（％）
朝日	2011/6/3	6/4	1,044	62	菅	28	53	19	34.6
読売	2011/6/3	6/4	1,057	60	菅	31	59	10	34.4
毎日	2011/6/4	6/5	1,120	68	菅	24	57	19	29.6

朝日新聞調査では、支持28％・不支持53％だった（相対内閣支持率≒35％）が、「6月中」の退陣を求めるのは18％で、「補正予算成立後」が30％、「福島第一原発の事故収束のめどがついた後」が45％だった。すなわち、内閣不支持の回答者も、必ずしも早期の退陣を求めてはいなかったようだ。また続く問いで、「新しい首相になれば、復興・原発事故への対応はいまよりうまく進む」と答えたのは22％で、「そうは思わない」が61％だった。内閣交替よりも事態への対応を求めるという世論だったと思われる。

読売新聞調査（支持31％・不支持59％で、相対内閣支持率≒34％）の支持・不支持の割合は朝日調査とほぼ同じだった。内閣退陣については、朝日とは選択肢が異なるが、「できるだけ早く退陣すべきだ」40％に対し、「そうは思わない」が53％だった。また野党が「菅内閣に対する不信任決議案を提出したことを」、「適切だった」27％に対し、「そうは思わない」65％だった。

毎日新聞調査（支持24％・不支持57％で、相対内閣支持率≒30％）では内閣支持

率が2社より少し低めの数値であるが，退陣時期について，「今すぐ」26％，「1〜2か月中」18％，「3〜4か月中」15％，「来年初め」29％だった。また野党の内閣不信任決議案の提出を「評価する」32％に対し，「評価しない」61％だった。

　以上の3社の数値から，内閣不支持であるからといって即時退陣を望むとは限らなかったといえるのではないか。また，政争をしている時ではない仕事をしてほしい，というのが当時の世論の多数派だったのではないかと推測する。

　時期的にさらに1年近く遡るが，関谷・藤岡（2010）は，2010年7月の参院選（同年6月8日に菅内閣が発足）をNHKデータで分析し，次のように記している。

　「これを内閣支持別でみると，内閣を「支持しない」と答えた人でも，続投には「賛成」が19％，内閣を支持するかどうかについて「わからない・無回答」の人では，続投に「賛成」が38％で，「反対」の7％を大きく上回った（表2-6）。このように内閣を「支持する」と答えない人であっても，菅総理大臣の続投については，「賛成」と答える人が一定程度，存在する。やはり，総理大臣が頻繁に交替する事態は避けるべきだという意見が根強いということではなかろうか。」(55頁)

　ちなみに同55頁の「表2-6」によれば，内閣を「支持しない」と答えた人で続投に「反対」は34％で過半数にも届いていない（続投に「どちらともいえない」が44％と最多数だった）。

　ただし，これらの例は，東日本大震災という大きな災害直後のきわめて特殊な時期だったことや，就任直後の参院選敗北の直後などの特殊事情が影響している可能性がある。これら以外にも多くのマスコミ調査が存在するかもしれず，それらの検討も必要であろうが，本章では我々のデータ内での確認を試みる。

5.2 内閣支持と内閣交替希望時期：2015年2月ネット調査の分析

ネット調査3における内閣支持（7値評価）と内閣交替希望時期とのクロス表を表2-21に示す（質問文は，表2-1・表2-2参照）[21]。

この調査の内閣支持結果を確認する。①内閣支持と不支持は，ほぼ同割合である（Q22の7値評価（8選択肢）で「支持」は44％，「不支持」は40％，Q4の2値（3選択肢）の内閣支持で「支持」は37％，「不支持」は39％），②「強く支持する」は4％で「まったく支持しない」14％と比べてかなり少ない。

表2-21に，まず加工前の7値評価の内閣支持と内閣交替希望時期とのクロス表を示す。

表2-21 7値評価（8選択肢）の内閣支持と内閣交替希望時期のクロス表
（数値は小数点以下を四捨五入）

2015年2月ネット調査	今すぐ交替	1か月後位	半年後位	1年後位	2年後位	3年後位	4年よりも後	考えなくてよい	わからない	合計
強く支持する	0%	0%	0%	0%	4%	0%	12%	84%	0%	51
支持する	0%	0%	0%	2%	11%	10%	6%	68%	2%	253
少し支持する	0%	0%	2%	11%	15%	11%	2%	53%	6%	285
どちらともいえない	1%	1%	4%	10%	11%	5%	2%	39%	26%	185
あまり支持しない	6%	3%	16%	22%	13%	5%	0%	11%	23%	192
支持しない	22%	3%	19%	23%	4%	1%	1%	5%	21%	156
まったく支持しない	70%	5%	9%	5%	2%	1%	0%	2%	7%	181
わからない	4%	0%	0%	0%	0%	0%	0%	19%	78%	27
合計	176	23	92	143	129	80	30	475	182	1,330
	13%	2%	7%	11%	10%	6%	2%	36%	14%	

あえて加工前の表を示したが，情報を把握しにくいため，表2-21の列カテゴリーのいくつかを合併し，図2-1に示す（図2-1では，「今すぐ」・「1か月後

位」・「半年後位」を「半年以内」とし，「1年後位」はそのままにし，「2年後位」・「3年後位」・「4年よりも後」・「今のところ交替は考えなくてよい」を「2年以上」，「わからない」は「DK」と再コードした。「今のところ交替は考えなくてよい」を「2年以上」に含めるのが適切か否かは議論の余地がある。なお，内閣支持で「わからない」との回答（N＝27）は，図2-1では外した）。

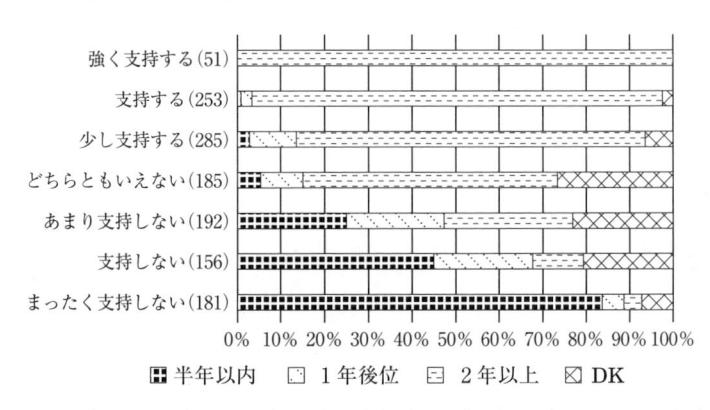

図2-1　内閣支持（7値評価）と内閣交替希望時期（2015年2月ネット調査）

　表2-21と図2-1を合わせて論じる。「他の首相の内閣と交替」の希望については，「全体」では，「半年以内」は22％，「2年以上」（「今のところ交替は考えなくてよい」を含む）は54％であった。

　「支持する」方では「少し支持」でも「2年以上」が圧倒的に多い。「支持」回答者（「少し支持する」「支持する」「強く支持する」）の多く（80〜100％）が，「2年以上」の内閣継続を希望した。

　これに対し，「不支持」では，「弱い不支持」「不支持」「強い不支持」の3グループで，内閣交替時期についての考えがかなり異なる。「支持しない」との回答でも，「まったく支持しない」を除くと「1か月以内」の交替を望むものが少ない。「強い不支持」では75％が「1か月以内」の交替を望んでいるが，「不支持」では26％に下落し，「弱い不支持」では10％になる。「半年以内」の交替としても，それぞれ84％・45％・25％である。

内閣支持について「どちらともいえない」としたうちの約57％は「2年以上」の内閣継続を望み，26％が「わからない」で，「1か月以内」の交替を望むものは2％である。

　以上の検討をまとめると，内閣不支持であれば早期の内閣交替を望むというほどには単純ではないようである。先に引用したマスコミ調査や今回のネット調査による限りでは，内閣支持率それ自体から単純に推測されるほどには，有権者は早目の内閣交替を望んでいないようにみえる（荒い推測方法としては，7値の調査があれば，表2-21を用いて，各交替時期希望の割合を推測してみることはできる）。

　その理由については様々な可能性がある。選択肢の用意の仕方などの質問の仕方による可能性もあるし，時期によるという可能性もある。あるいは，内閣を支持しないが，他の内閣に交替しても大差ないなどの政治それ自体に対する不信感が影響している可能性もある。今後の検討課題である。

6．結　　論

　内閣支持率は，実際の政治に大きな影響を与えていると思われるが，それにもかかわらず，基本的に2値評価での調査が実施されている。（調査の現場では既にいろいろと試みられていると思われるが），そのような2値評価という少ない選択肢での調査がどのような限界を持つのか，2値評価以外の方法で試して比較した。具体的には，内閣支持についての5値評価・7値評価の質問と，望ましい内閣交替希望時期についての質問とを試み，内閣支持の2値評価質問を含めて相互に比較検討した。

6.1　主要な結論
（結論1）内閣支持の5値評価・7値評価で，支持・不支持の強弱のニュアンスがわかる。

　論理的に当然ともいえるが，5値評価・7値評価では，強い支持と弱い支持

の割合の変化，強い不支持と弱い不支持の割合の変化などをみることができ，支持のニュアンスをとらえることができる。実際，2013年2月と2014年12月との相違，5値評価と7値評価との違いなどにより，内閣支持の強度についての感触をより詳細にとらえることができた。

(結論2) 内閣支持の2値評価（3選択肢）での「わからない」は，実際には「どちらともいえない」が多く，本当に「わからない」回答者は少ない。また「弱い支持」や「弱い不支持」が混ざっている。

2値評価の「わからない」回答者による多値評価は，3回のネット調査において，「メディアン」でみると，「どちらともいえない」47%，「わからない」11%，「支持」19%，「不支持」18%だった（「平均値」でみると，それぞれ，50%，12%，21%，17%）。

(結論3) 内閣支持（2値評価でも5値評価でも7値評価でも）は，内閣の早期交替希望とは，必ずしも一致しない。
a) 内閣を「支持する」回答者は，内閣の早期交替を望んでいなかった。
b) 内閣を支持するかどうか「わからない」との回答者も，内閣の早期交替を望む者はごく一部だった。
c) 内閣を「支持しない」回答者でも，必ずしも内閣の早期交替を望まないようである。弱い不支持と強い不支持とで内閣交替希望時期に大きな差があり，前者は早期交替を必ずしも望まず，後者は早期交替を求めていた。

(結論4) 内閣支持率と内閣交替希望との関連づけに際しては，慎重な検討が必要である。

2値評価の内閣支持から内閣交替希望を読み取ってよいのか否か，十分な検討が必要であろう。内閣交替を検討するに際しては，少なくとも，内閣が適切に機能しているか否かという観点と，政治体制の安定や政策・外交交渉の継続性などの観点とがある。世論についても精査する必要があり，代議制民主主義

において世論をいつどのように政治に反映させるべきかという容易ではない問題がある。

6.2　今後の課題

範囲外とせざるをえなかった今後の課題として，3点を挙げておく。

第1に，より一般的な調査によって，今回の調査結果の適切性を確認することである。今回の結論の多くは，特定の時期の3回のネット調査に基づく帰納的一般化であり，今後，対象や時間の範囲を広げることが望ましい。[22)]

第2に，内閣支持に関連する他の測定方法も試み，より深く内閣支持の有り様を探ることである。たとえば内閣支持理由や政策評価などとの関連も検討が必要であろう。

第3に，結果の背後の論理の探索である。今回は表面的な検討にとどまっている。より踏み込んだ研究が求められよう。

6.3　おわりに

内閣支持率は内閣のあり方に影響を与えうる指標になってきており，内閣支持の研究は重要性を増している。

本研究を踏まえ，今後の内閣支持率調査において，時には，「質問紙の最初の方で内閣支持の2値評価質問をしておき，最後の方で内閣支持の多値評価質問をする」ことを提案したい。これにより，内閣に対する世論の評価とその変化をより詳しく知ることができる。また先に2値評価を質問するのであれば，従来の調査との継続性を確保できる。

そして，「回答の数値は，小数点以下第1位まで示すこと」も提案したい。内閣支持が変化したか否かを知るためには，小数点以下第1位の数値は重要である。

さらに，時には，「内閣交替希望時期についての質問と内閣支持とのクロス表を示すこと」を提案したい。内閣支持に還元しえない内閣についての世論を知ることができる可能性がある。

1) 本章は，宮野2015「内閣支持の測定法とその影響」の改訂版である。先の論文ではデータとして3点の学生調査と1点のネット調査を用いたが，本章ではその後収集した2点のネット調査を加えた計3点の全国ネット調査を中心にして分析し直している。このため，図表の多くは入れ替わっているし，分析内容も相違点が少なくない。内容の変化が大きいためタイトルも少し変えている。しかし先の論文と多くの重複もあることをお断りしておく。
2) シンポジウムの記録（1988）において，馬場は，朝日新聞の調査を読売・毎日と比較し，「結論を申し上げますと，手法の違いはあるけれども，長い期間の結果を出してみると数字が似ているということと，それから『その他の答え，答えない』あるいは『関心がない』という層を除いて考えると『支持』と『支持しない』の傾向は非常に似ておるということです。」（22頁）としている。また浜田（1998）は，毎日新聞の調査を紹介しつつ，「また，『関心がない』を支持と不支持の百分比で再配分してみると，朝日，読売両紙の数字に近くなる。」（15頁）としている。
3) たとえば，総理大臣が辞職を内心で決めてから後に，あるいは，周囲が総理大臣の退陣を求めることに決めてから後に，支持率が回復しはじめても，認知されないか，または，認知されても当事者の行動は変わらない，または変われない，という可能性である。
4) 調査会社に依頼した3つのネット調査の概略を示す。
　　いずれもネット調査で，母集団は全国に散らばっているが，各調査会社の登録者（モニタ）のみである。
　　標本抽出は，回答者の年齢・性別・地域が，全国の母集団の比率と近似的になるように依頼した。データ間で回答者の重複は排除していない。
①データ1：　調査会社Aに依頼：2013年2月9〜13日実施（安倍内閣）
　　調査主体：中央大学社会科学研究所の「選挙と政治」研究チーム（幹事：宮野）
　　政治意識・財政意識についてのネット調査，回収数=800。
　　問2に2値評価（3選択肢），最終問=問13に5値評価（6選択肢）
②データ2：　調査会社Bに依頼：2014年12月9〜13日実施（安倍内閣）
　　調査主体：中央大学社会科学研究所の「有権者の空間」研究チーム（幹事：三船）
　　2014年12月衆議院選挙後のネット調査，回収数=1,450
　　問3に2値評価（3選択肢），問23に5値評価（6選択肢）
③データ3：　調査会社Bに依頼：2015年2月9〜13日実施（安倍内閣）
　　調査主体：中央大学の特別研究予算による個人研究（宮野）
　　政治と財政に関するネット調査，回収数=1,493
　　問4に2値評価（3選択肢），問22に7値評価（8選択肢），問23に内閣交替の希望時期
5) 2014年12月ネット調査では，2つの表形式の設問があった。問2：選挙の争点の重要度（小問14），問22：政策意見（小問9）である。2つの設問の少なくとも1つで，各小問（各小問の選択肢は5値）すべてに同じ数値を選んでいる場

合，今回の分析から外すことにした。これにより，133回答が分析から外れる。また，回答時間が非常に短い回答（130秒以下）を省くことにした。この第2基準により，さらに18回答が外れ，今回分析する回答数は1,299となった（全1,450回答）。
6) 2015年2月ネット調査では，小問を5つ以上含む設問が7つあった。具体的には，問3：政治関心（小問5），問5：制度信頼（小問5），問6政治意見評価（小問5），問7政治家信頼（小問5），問9経済政策（小問5），問10歳出意見（小問6），問15満足度（小問6）である。各設問で小問すべてに同じ数値を選んだ場合（たとえば，問3で小問5つにすべて同じ数値を選んだ場合）を取り出し，7つの設問中3つ以上で各小問に同じ数値を選んでいる130回答を今回の分析から外すことにした。また，回答時間が非常に短い回答（200秒以下）を省くことにした。この第2基準により，さらに33回答が外れ，今回分析する回答数は1,330となった（全1,493回答）。
7) ネット調査の「相対」内閣支持率は，表中の近似値ではなく，元のデータを用いた計算による。
8) 宮野（2009）では，サンプル数1,000程度のマスコミ電話調査で，標本誤差は平均値±3％（信頼区間で6％）程度を目安としてみた。この目安の範囲内であれば，ここでは「標本誤差の範囲内」と考えることにする。
9) 「ネット調査」は，調査会社に登録した中から回答者が選ばれており，年齢は20－60代である。また，性別・年齢別・地域別などについて全国の母集団に「回収割合で」近似するように標本抽出を依頼している。マスコミ調査では，標本抽出段階で全国の母集団に近似するように抽出しているため，回収率の低い年代の回収割合など全国の母集団からのずれが大きくなる可能性がある。
10) この約8％の相違の直接的な理由は，われわれのネット調査では「わからない」が多かったにもかかわらず，「不支持」が減らなかったことである。さらに遡って様々な理由が考えられるが，どの理由がどのくらい影響を与えているかは，検討できていない。たとえば，「わからない」を明示的に選択肢に含めていること，「わからない」が多い若年層が相対的に多く回答者に入っていること，母集団がずれていること，電話調査とネット調査との調査方法の違い，などである。
11) 2014年12月については，1週間以内の読売調査が2回ある。しかし同一社の調査は特定の傾向性を持ちがちである。各社のウェイトを等しくするために1回分だけを用いることにし，時間的に近い回を選択した。
12) 異なった数値を比べるためには，小数点以下第1位まで表示した方がよい。宮野（2009：99頁）で指摘したように，整数値は単独で眺める場合には誤差は±0.5％だが，比較する場合には2％の幅ができてしまうためである。小数点以下第1位まで表示してあれば，この誤差の幅は0.2％になる。
13) 一般に，「絶対」支持率の2値との差は，5値より7値で大きくなる。「相対」支持率の2値との差も，7値の方が変動しやすくなると予想している。
14) これら2つの調査は，2013年2月調査との共通点（①安倍内閣時の②全国ネッ

ト調査で、③当該項目の質問文は同等、④先に2値質問をし、間に少なからぬ質問をはさんで多値質問）の他に、さらに多くの共通点を持つ。それは、⑤調査時期が近い、⑥2値質問における内閣支持率も近い、⑦調査会社が同じである、⑧データ・セレクションで各約10%の回答を落としている、などである。

ただし次の3点では大きく異なっている。①2値評価に先行する質問もその後の質問も大きく異なる。②2014年12月は5値評価を使い、2015年2月は7値評価を使っている。③2か月間にマスコミの内閣支持率が数%上昇している。

15) 2値評価が近似していた2014年2月調査の5値評価の結果と2015年2月の7値評価の結果とを比べてみる。「支持」を2分割した2014年12月の5値では「弱い支持」が67.2%だったが、「支持」を3分割した2015年2月の7値では、真ん中の強度の「支持」を選ぶ例が多く（50.1%）、「少し支持する」の方が少なかった（35.7%）。仮に、7値の「少し支持」は、5値の「どちらともいえない」・「弱い支持」からのみ選ばれ、5値の「弱い支持」は7値では「少し支持」か「(中位の)支持」のみを選ぶとしよう。すると、度数からみて、5値の「弱い支持」は7値では「少し支持」と「(中位の)支持」に半々くらいに分かれることになる。ここから、5値評価で「弱い支持」を選んでいる場合、それほど「弱い」支持ばかりではない、と推測した。

16) 2014年12月調査と2015年調査を比べると、「絶対」内閣支持率の差は男女とも、ネット調査間では3%以内で、毎日新聞調査間でも3%である。これらは、すべて標本誤差の範囲内である。しかし、これらの3%以内の変化が男女で逆方向に動いたため、「絶対」でも「相対」でも、2014年12月調査の女性の差は13〜15%で、男性の差は1%と、男女の「差」が著しく異なっている。

17) 調査1の表2-11では、女性・男性の順に示すと、2値評価では、「絶対」内閣支持率では41.1%・51.1%と10.0%の差があるが、「相対」内閣支持率では68.5%・70.3%で1.8%の差しかない。相対的に女性で「わからない」との回答が多かったために、「絶対」と「相対」で違いが出ている。2値評価と5値評価（3値変換）とのクロス表においては、どのセルでも男女差はほとんどない。

調査2の表2-12では、女性・男性の順で、2値評価では、「絶対」内閣支持率では30.0%・46.3%と16.3%の大差があり、「相対」内閣支持率でも40.4%・56.3%と15.9%の大差になっている。しかし、2値評価と5値評価（3値変換）とのクロス表においては、2値評価で「支持する」と「支持しない」の各行のセルは、ほとんど男女差がない。しかし、2値評価で「わからない」との回答者で、「支持」・「不支持」の割合が、男女で差がみられる。すなわち、2値評価で「わからない」のうち、5値評価で「支持」・「不支持」は、女性12.1%・19.5%であり、男性は19.1%・14.5%であった。

調査3の表2-13では、2014年12月の表2-12と比べ、女性・男性の順で、2値評価では、「絶対」内閣支持率では32.1%・42.5%と差は10.4%に縮小し、「相対」内閣支持率では45.8%・51.5%と差は5.7%に大きく縮小している。2値評価と5値評価（3値変換）とのクロス表においては、表2-12と同様に、2値評価で「支

持する」と「支持しない」の各行の各セルは，ほとんど男女差がない。しかし，2値評価で「わからない」との回答者で，「どちらともいえない」・「わからない」が女性に多く（各6.1%・3.3%多い），「支持」・「不支持」が男性に多い（各4.5%・4.7%多い）。

18) 年齢については，各カテゴリーのケース数が小さくなるためか，ネット調査間でも，毎日新聞調査間でも，性別よりも安定性が低くなるようであり，比較は示さない。

19) 例外は，30代の2値の「絶対」内閣支持率だけである。ただし，30代も「相対」では，大きく減らしている。

20) 2値評価と多値評価のクロス表に対する年齢の影響も検討したが，調べた範囲では特筆すべき相違は見出せなかったため，詳細は省略する。

21) 宮野（2015）では，2014年10月大学生調査を用いて5値評価の内閣支持と対比したが，全国標本ではないうえ，ケース数も少なかった。ただし，類似した結果を得ている。

22) たとえば，宮野（2015）では，学生調査に基づき，「5値評価単独で質問する」よりも，また「先に5値評価を質問して，後に2値評価質問する」よりも，「先に2値評価質問をし，後に5値評価を質問する」方が，内閣支持について安定的な結果を得られる，と結論付けた。より一般的な調査による確認が望ましい。

参 考 文 献

1. 浜田重幸 『毎日新聞の内閣支持率について（研究大会報告）』 日本世論調査協会報（81），1998年，10−19頁。
2. 平松貞実 『「内閣支持率調査」に異議あり』 日本世論調査協会報（106），2010年，1頁。
3. 細貝亮 「メディアが内閣支持に与える影響力とその時間的変化：新聞社説の内容分析を媒介にして」『マス・コミュニケーション研究』（77），2010年，225−242頁。
4. 飯田健 「政党支持の内閣支持への影響の時間的変化―ARFIMAモデルと時変パラメターを用いた時系列分析―1」『選挙学会紀要』4，2005年，41−61頁。
5. 猪口孝 『現代日本政治経済の構図―政府と市場』 東洋経済新報社，1983年。
6. 岩渕美克 「世論と政権―内閣支持率とマス・メディア」『政経研究』36(2)，1999年，951−970頁。
7. 前田幸男 「時事通信社世論調査に見る内閣支持率の推移1989−2004」『中央調査報』569，2005年，1−9頁。
8. 牧田弘 「内閣支持率調査―その精度と影響について」『政経研究』34(3)，1998年，813−829頁。
9. 宮野勝 「相対」政党支持率と「相対」内閣支持率の安定性についての試論―マスコミの世論調査の信頼性 『中央大学社会科学研究所年報』13, 2009年，97−114頁（微修正のうえ，本書第1章として収録）。

10. 宮野勝 「内閣支持の測定法とその影響：ネット調査・学生調査における2値評価・5値評価と内閣交替」『中央大学文学部紀要 社会学・社会情報学』25，2015年，45-58頁．
11. 中村悦大 「五十五年体制における内閣支持率と政党支持率の関係」『選挙学会紀要』6，2006年，107-126頁．
12. 中瀬剛丸 「報道に誘発された意見表明としてのブログ記事—マス・メディアの内閣支持率調査をめぐって」『社会学論叢』(167)，2010年，21-40頁．
13. 西澤由隆 「五五年体制下の内閣支持率と経済政策に対する評価」『同志社法學』51(1)，1999年，1-31頁．
14. 関谷道雄・藤岡隆史 「失速した菅民主党政権～「参議院選挙全国世論調査」から」『放送研究と調査』2010年10月号，2010年，48-61頁．
15. 吉田文彦 「小泉内閣 社説内容分析と内閣支持率」『マス・コミュニケーション研究』68，2006年，80-96頁．
16. シンポジウムの記録 内閣支持率をめぐって 日本世論調査協会報 (61)，1988年，14-32頁．(報告者：馬場正人・西平重喜)

なお，『日本世論調査協会報』は，CiNii PDF オープンアクセスから取得した．また新聞社データは，中央大学図書館のデータベース（聞蔵Ⅱ，ヨミダス，毎索）から取得した．

※ 本章は，『中央大学文学部紀要 社会学・社会情報学』第25号（中央大学文学部，2015年）収載「内閣支持の測定法とその影響：ネット調査・学生調査における2値評価・5値評価と内閣交替」に加筆修正を施したものである．

第 3 章
2010年名護市長選挙における「民意」の動態
―― 投票行動の変化と普天間問題をめぐる態度変化 ――

塩沢健一

1. はじめに

　中央における政治変動は，その前後において地方選挙に対してもさまざまな影響をもたらしうる。民主党が政権交代を果たした2009年の解散総選挙に至るまでの間，各地の県知事選では民主党の後押しを得た候補者が選挙戦で優位に立つケースが目立ち，また衆院選の前哨戦と目された同年7月の東京都議選では，各選挙区で民主党の公認候補が相次いでトップ当選を果たした。その一方で，政権交代後の民主党政権の相次ぐ失態は有権者の離反を招き，2010年以降に行われた各種地方選挙や2011年の統一地方選では，民主党系の候補者は軒並み苦戦を強いられた。このように，国政レベルにおける選挙情勢や政治状況が地方の政治や選挙に影響を及ぼすという現象は，これまでにもたびたび注目されてきた。

　2010年1月に行われた名護市長選挙もまた，民主党政権誕生の影響を大きく受けた選挙として，全国的に大きな注目を集めた。2009年総選挙において，当時の民主党代表・鳩山由紀夫が，米軍普天間飛行場の名護市辺野古への移設をめぐる問題に関して「最低でも県外，できれば国外へ移設」と演説し，沖縄県内のすべての小選挙区で民主党が公認または支援する候補が当選したことにより，普天間問題に対する県民の期待は否が応にも高まった。その一方で，鳩山政権は2009年12月の時点で，普天間飛行場の移設先の選定を翌年5月末まで先

送りすることを表明したため，普天間問題はこのときの名護市長選における最大の争点として急速に浮上することとなった。移設容認派の現職と反対派の新人による一騎打ちとなった市長選は，移設問題が浮上して以降では初めて反対派が勝利し，今日に至るまで20年近くに及ぶ移設問題の経過の中でも，1つの転換点になったといえる。

　ただ，鳩山政権による"先送り"という国政の状況が，市長選における争点としての普天間問題の顕出性を高めたのは確かであるが，では果たして，市長選における反対派候補の勝利という結果は，国政における民主党政権誕生の"副産物"とまでいえるのであろうか。票差で見れば接戦であり，後で詳しく見るように，これは過去数回の選挙と比較すると，容認派候補から反対派候補へ概ね数千票程度の票の移動が起こったことによりもたらされた結果といえる。こうした点も踏まえ，名護市民の意識や行動という側面から，詳細な検討を加える必要があると思われる。

　そこで本章では，市長選の投票日翌日から実施された郵送調査[1]のデータをもとに，前回（2006年）と今回の選挙における投票行動の変化，ならびに調査時点と1年前の時点における普天間移設問題をめぐる態度変化に着目し，分析を試みる。これらの変化をもたらした要因について明らかにしたのち，投票行動の変化と普天間問題をめぐる態度変化とのクロスデータをもとに，移設問題に翻弄され続けてきた名護市民の複雑な意識についても，考察を加えることとしたい。データ自体は，2010年に一度だけ実施した調査から投票行動や態度の変化を測ろうとするものであり，パネルデータを利用できないという点において一定の制約はある。しかしながら，1997年の名護市民投票以降，普天間移設をめぐる問題は市長選のたびに大きな争点とされ，国政上の課題に翻弄され続ける特殊な政治状況に，名護市民は常に置かれてきた。その点も加味すれば，目立った対立争点の少ない他の多くの市町村長選挙と比べても，（調査実施時点から見て）4年前の市長選に関する有権者の回答にも一定の有用性はあり，DK・NA回答を排除すれば，データの精度も充分に確保できると考えられる。

2．国政と地方政治とのリンケージ

2.1 国政の争点・対立軸が地方の選挙・政治に及ぼす影響

　国政における政策課題や対立軸は，しばしば地方の選挙や政治の場にも持ち込まれるものである。統一地方選挙をはじめとして，散発的に行われる首長選挙なども，その勝敗が国政における政権批判と結び付けられやすい（砂原，2010，90）。例えば，1987年の統一地方選では，国政の争点である売上税導入に対する態度が，地方選挙における投票行動の規定要因となった（三宅，1990；小林，1991）。また，1995年の統一地方選における「青島・ノック現象」は，既成政党に対する不信感および無党派層の増大に端を発するものであり，広い意味で，国政に対する有権者の不満が地方選挙の場で表明されたと捉えることができる（曽我・待鳥，2007，297；名取，2008，67）。

　2007年の統一地方選では，次期衆院選での政権獲得を目指す小沢民主党が，「与野党相乗りの原則禁止」「公認・推薦候補の積極的擁立」「ローカル・マニフェスト作成の指示」を打ち出し，自民党との対決姿勢を地方選挙に持ち込んだ（河村，2008）。この前後から，国政における対立軸と地方の選挙や政治とが結びつく傾向は，より顕著なものとなっていく。より直近の現象としては，「大阪維新の会」や「減税日本」など，大都市部の首長が自ら党首となって勢力を拡張する動きも見られるが，これらもまた，かつての「青島・ノック現象」と似たような形で，国政に対する不満を原動力の1つとして生じたものといえるだろう。2012年の総選挙を経て自民党が政権復帰した後は，安倍内閣が高い支持率を維持し続ける一方，地方の首長選挙で保守系候補が苦戦を強いられるという現象も散見されるが，このこともまた，自民党「一強」といわれる国政の状況下では表れにくい有権者の潜在的な不満が，対決構図がより明確になりやすい一部の地方選挙で表出していると考えることができそうである。以上のように，国政と地方政治とのリンケージの強さは，今日の状況下においても無視できないものといえる。

ただ，これらの先行研究および先行事例の多くは，「地方」といっても主に都道府県や政令市といった規模の大きな自治体に関連するものである。本章で分析対象とする沖縄県名護市は人口約 6 万人の地方都市であり，同規模の自治体で行われた選挙に関して，国政レベルの争点との関連を具体的に分析した先行研究は，管見の限りでは見当たらない。加えて，米軍基地をめぐる問題は次項でも詳述するように，とりわけ沖縄県内においては本土復帰後の主要選挙において，常に保革の対立争点であり続けた。名護市長選の争点である普天間移設問題は国政の課題ではありながら，沖縄県民が長年直面してきた米軍基地問題の延長線上に位置づけられる政策課題であり，ここで列挙した先行研究とは，やや異なる視点が必要になると思われる。

2.2 米軍基地問題と選挙

在沖米軍基地のあり方が保革対立の中心軸となり始めるのは，本土復帰が具体化するとともに，ベトナム戦争と沖縄との結びつきが意識され始める1960年代後半のことである[2]。本土側の社会党，共産党とそれぞれ結びつきを持つ沖縄社会党，沖縄人民党は1960年代前半の時点において，米軍との対決姿勢，即時復帰，米軍基地全面撤去を打ち出していたのに対して，琉球政府与党・沖縄民主党（のちの沖縄自由民主党）は1965年後半以降，立法院議員選挙などに際して，基地を残したままでの復帰を経済問題と関連付けて主張していく（櫻澤，2010）。その後，米軍統治下の1968年に初の公選による琉球政府主席選挙が実施され，それを 1 つの大きな契機として沖縄における保革の政治対立はスタートした。

この選挙では，本土自民党との一体化を急速に進めていた沖縄自民党が当時の那覇市長・西銘順治を擁立し，経済・文化・教育など本土との一体化政策を掲げ，保守陣営としての準備体制を着々と進めていったのに対し，革新側は「保守勢力の打破」に向けて共闘体制を築き，「安保反対・基地反対」のスローガンのもと，革新統一候補として出馬した沖縄教職員会会長の屋良朝苗が勝利を収めた。同時に実施された立法院議員選挙では，自民党が過半数を獲得した

ものの革新勢力が伸長，翌月の那覇市長選挙でも革新統一候補が勝利し，68年の３大選挙は革新陣営が完勝した。これらの選挙を境にスタートした，革新共闘対保守勢力という対決型の政治構図は，本土の55年体制に対比して沖縄では「68年体制」としてしばしば主張される（江上，1996）。

　本土復帰以降の県知事選においても，選挙のたびに「基地」と「経済」は争点となり，とりわけ保革が入れ替わる分岐点となった選挙では，基地に対する不安が増大した状況下では革新の勝利，経済に対する不安が増大した状況下では保守の勝利という結果に終わっている（江上，1996；塩沢，2004）。しかしながら，全ての沖縄県民が選挙のたびに「基地反対」もしくは「経済優先」のいずれかの態度を常に明確にしているわけではなく，実際の県民感情は，両者の間でしばしば揺れ動く極めて複雑なものでもある。そうした沖縄における有権者像の一側面が露わになったのが，1990年代後半に米軍基地問題をめぐって県内で実施された２つの住民投票である。

　1996年に実施された沖縄県民投票では，「米軍基地の整理縮小と日米地位協定の見直し」の是非について賛成票が圧倒的多数を占める結果となったが，一部で投票ボイコットの動きが出た影響などもあり，直近の県知事選や県議選と比べると投票率はやや伸び悩んだ[3]。県民投票の市町村別データについて分析した塩沢（2004）によれば，各市町村における基地の存在や基地への財政的な依存度が投票率に及ぼした影響は明示的ではないものの，賛成票の得票率に対しては有意な相関関係のあることが示された。このことから塩沢は，経済・雇用面で基地に依存している一部の住民に関して，周囲の雰囲気から渋々投票所に足を運んだが，やはり基地の整理縮小に正面からは賛成できないために，反対票を投じるか白紙投票をしたという可能性を示唆している。加えて，1997年に実施された名護市民投票は，県民投票と比べると賛否は幾分拮抗する結果となったが，これについては，条件付きを含む４択で住民投票を実施したことが，賛否を拮抗させる１つの要因となった可能性があり，「条件付き」という中間的な選択肢が設けられたことは，基地に対して複雑な感情を抱える有権者にとっては「意思表示しやすい」選択肢が現れたことを意味する，としている

(塩沢, 2004, 126)。

このように, 米軍基地を抱える地元住民の意識は, 「賛成」「反対」や「保守」「革新」といった二項対立だけで全て一括りにできるものではない[4]。以上のことも踏まえて, 次項では, 普天間移設問題をめぐるこれまでの経緯と, それに関連する名護市長選について概観しておく。

2.3 普天間移設問題と名護市長選

沖縄県宜野湾市に位置する米軍普天間飛行場は, 住宅が密集する市街地の中心部に広大な敷地を占め, 毎日のように戦闘機やヘリが上空を飛行している。基地と隣り合わせで日常生活を送る住民には, 常に墜落事故の危険性が付きまとい, 実際に2004年には, 同飛行場に隣接する沖縄国際大にヘリが墜落する事故も発生した。こうした危険を一刻も早く除去することが, 普天間周辺の地域にとって最大の懸案となっている。加えて, 普天間飛行場の存在によって地域の交通網は遮断されているため, そのことが地元の発展にとっても大きな妨げとなっている。

これらの問題を解決すべく, 1996年4月に, 当時の橋本首相とモンデール米駐日大使との会談において合意が交わされ, 代替施設の建設を条件として, 普天間飛行場を5年ないし7年以内に全面返還するとされた。しかしながら, 代替地をめぐる議論は二転三転し, キャンプ・シュワブ水域への海上ヘリポート基地建設で日米合意がなされると, 地元の名護市は反発し, 1997年12月に同市で実施された住民投票では, 海上ヘリ基地建設に対して, 反対票の合計が賛成票の合計を上回った。

だが, その投票のわずか3日後, 当時の比嘉鉄也市長は代替基地建設の受け入れを表明して市長を辞職, 翌98年2月の出直し市長選では, 比嘉の後継と目された岸本建男が当選を果たした。この選挙を含めて, 住民投票が行われて以降5度の市長選挙が行われているが, いずれの選挙も移設容認派と反対派が争う構図で戦われ, 市民を二分してきた (表3-1参照)。

普天間移設問題の推移に話を戻すと, 1998年11月の県知事選挙で, 革新系の

表3-1　名護市長選における得票状況

移設容認派		選挙実施日 (投票率)	移設反対派	
岸本　建男	16,253	1998.2.8 (82.35%)	玉城　義和	15,103
岸本　建男	20,356	2002.2.3 (77.66%)	宮城　康博	11,148
島袋　吉和	16,764	2006.1.22 (74.98%)	我喜屋　宗弘 大城　敬人	11,029 4,354
島袋　吉和	16,362	2010.1.24 (76.96%)	稲嶺　進	17,950
末松　文信	15,684	2014.1.19 (76.71%)	稲嶺　進	19,839

＊得票数が100票に満たない泡沫候補については，表示していない。

　大田昌秀知事が敗れ，普天間問題に関して軍民共用空港案を公約に掲げた稲嶺恵一が当選した。これを受け，普天間飛行場の早期返還・県内移設に向けた具体的な取り組みが県によって開始され，1999年11月には，移設候補地として「キャンプ・シュワブ水域内名護市辺野古沿岸域」を選定した。この翌月には，名護市長も代替施設の受け入れを表明し，その後設置された「代替施設協議会」では，2年間9回にわたる協議の中で，代替施設の建設位置を名護市辺野古沖のリーフ上とし，埋め立て方式の軍民共用空港とすることで，政府，県，名護市などが基本合意した。

　移設に向けた作業が進められる中，米国政府は国際情勢の変化などに伴い，2005年頃から在日米軍の再編に着手し始めた。その過程において，同年10月の米軍再編に関する中間報告の中で，従来の案とは異なり，代替施設をL字型に設置する新たな案で日米両政府が合意した。しかし，この「沿岸案」は地元に事前の説明もなく頭越しに決められた経緯もあり，県や名護市の強い反発を招いた。

　2006年1月の名護市長選では，健康上の問題を理由に市長を退任した岸本の後継として，島袋吉和が当選を果たした。岸本が病没した直後の同年4月，島

袋市長は，集落内の騒音の問題を回避するためV字型に滑走路を2本建設し，着陸用と離陸用に分ける新たな政府案に合意した。ただ，この「V字案」は，飛行ルートから民間地域が外れる一方，埋め立て面積拡大による環境破壊や基地機能強化の課題に直面するものであり，住民の反発は強いものであった。そうした中でも政府は同年8月，「普天間飛行場の移設に係る措置に関する協議会」を設置し，2008年には環境影響評価（アセスメント）に着手するなど，着々と手続きを進めていった。

　1999年に名護市が代替施設受け入れを表明して以降，同市における議論は代替施設の建設位置や工法に収斂していたが，2009年の衆院選における政権交代を契機に，その状況は一変する。民主党政権誕生により，名護市辺野古沖とされてきた移設先の見直しが再検討され始め，県外移設や嘉手納統合案，グアム移転案など，鳩山首相や各閣僚らが様々な案を提起した。だが，連立政権を組む社民党の思惑も絡み，移設先をめぐる協議は迷走を続け，結局同年12月に，移設先の決定を翌年5月まで先送りすることが発表された。

　このような中で2010年1月，民主党政権誕生後初めての名護市長選が行われた。民主党などが推薦する稲嶺進は辺野古への移設反対を主張し，現行のV字案を容認する現職の島袋との一騎打ちとなった。既述のような経過とも相まって，「辺野古に新たな基地は造らせない」との稲嶺の訴えが浸透し，住民投票後4度目の市長選にして初めて，反対派候補が勝利を収める結果となった。さらに4年後の市長選では，島袋が出馬の意向を滲ませる中，岸本・島袋両市長のもとで助役・副市長を務めた末松文信に保守系候補が一本化されたが，一本化に至るまでの野党陣営の足並みの乱れや，普天間移設問題で県外移設を堅持している公明党県本部が自主投票の方針を固めたことなども影響し，稲嶺が2度目の当選を果たした。

3. 分　　析

3.1　投票行動の変化：2010年の市長選における前回選挙からの変動

　2006年と2010年の市長選における投票行動の動態を検討するにあたって，まずは，各選挙における普天間移設問題の扱われ方，各候補者の主張および顔ぶれ，政党による支援など，選挙状況の概要を整理しておきたい。

3.1.1　2006年名護市長選

　2006年の市長選挙は，2期8年にわたって基地問題や地域振興に尽力してきた岸本建男の引退表明を受け，新人三人による争いとなった。岸本の後継として市議会与党会派や経済界が擁立し，自民，公明の推薦を受けた前市議会議長の島袋吉和は，普天間移設については3人の中でただ1人，柔軟な姿勢を見せたが，選挙戦で普天間問題にはほとんど触れず，移設と密接に絡んだ国の北部振興策の継続・発展を強く訴えた。移設反対の立場からは2人が立候補し，野党や労組の要請を受けて出馬した保守系市議の我喜屋宗弘は，民主，自由連合のほか，社民，社大（沖縄社会大衆党），共産の革新政党や，政治団体「そうぞう」代表の下地幹郎衆院議員らの支援を受ける保革相乗り候補であった。また，革新系市議の大城敬人は，政党や労組の支援がない中，従来の革新層への浸透を図った。

　この選挙では，日米両政府が前年10月に合意した「辺野古崎案」に3候補者とも反対を表明したことから，移設受け入れの是非は争点としての顕出性がやや薄まり，国や県とのパイプを強調した島袋が当選を果たした。普天間問題をめぐって，自民党政権下で長年にわたって膠着状態が続いていたこともあり，有権者全体の関心は必ずしも高いものではなく，投票率は過去最低の74.98％にとどまった。

3.1.2 2010年名護市長選

　2010年の選挙では，2006年に政府が示した「V字案」に合意した島袋に対し，V字案反対の姿勢を示す前教育長の稲嶺進が立候補を表明し，そのほかに普天間飛行場の国外移設を求める立場から大学非常勤講師の比嘉靖も当初立候補を表明していた。しかしその後，普天間飛行場移設に関する基本政策が一致したとして，稲嶺との一本化に合意した比嘉が立候補を取り下げた。この結果，民主，社民，社大，そうぞう，国民新の各党に加え，比嘉を推薦していた共産党も稲嶺の推薦に回った。一方，島袋陣営では，県政与党の自民，公明による選挙協力の枠組みは維持されたものの，両党に対する推薦依頼は見送り，支持にとどまった。

　選挙戦では接戦が伝えられる中，両候補とも基地問題以上に雇用確保や医療，教育の拡充といった政策を強調したが，前回と異なり国内外のメディアも積極的な報道を行う中で，普天間問題は選挙の争点として大きな注目を集めた。稲嶺の当選は，移設反対の市長が初めて誕生したということにとどまらず，移設候補地を抱える名護市東海岸出身の市長が誕生したという点においても，名護市政にとって大きな意味を持つ出来事である。また，投票率は前回を約2ポイント上回り，76.96%であった。

3.1.3 多項ロジット分析

　では，有権者個人レベルにおける，前回（2006年）と今回（2010年）の市長選での投票行動の変化を見ていきたい。表3-2は，郵送調査において今回の市長選で投票したと答えた人について，前回市長選における投票行動との間でクロスデータを取ったものであるが，前回選挙で移設反対派の2候補に投票した人は，今回の選挙でも同様に反対派の稲嶺に投票したと答えた人がほとんどである。他方で，前回選挙で島袋に投票した人では，約7割が今回も島袋に票を投じているものの，3割弱が稲嶺に流れていることが分かる。島袋が前回選挙とほぼ同数の票を獲得したにもかかわらず，接戦の末に敗れた背景には，こうした容認派候補から反対派候補への票の流出が1つの直接的な要因となってい

表3-2 名護市長選における投票先クロスデータ

		今回（2010年）市長選		
		島袋吉和	稲嶺進	無回答
前回市長選	島袋吉和	① 220	② 87	8
	我喜屋宗弘	③ 7	④ 123	1
	大城敬人	3	65	1
	投票しなかった	13	35	1
	覚えていない	12	54	7
	無回答	19	52	6

たことが読み取れる。

　この点も踏まえて，前回と今回の投票行動の変化について整理すると，表3-2の太枠で囲った4つのカテゴリ，すなわち，①前回も今回も容認派候補に投票した人（「容認派⇒容認派」），②前回は容認派候補に投票し今回は反対派候補に投票した人（「容認派⇒反対派」），③前回は反対派候補に投票し今回は容認派候補に投票した人（「反対派⇒容認派」），④前回も今回も反対派候補に投票した人（「反対派⇒反対派」）に分類することができる。これらの各カテゴリを従属変数として多項ロジット分析を試みるが，このうち，③のカテゴリに関しては該当者がほとんどいないため，事実上，残りの3カテゴリ間で投票行動の相違を観察していくこととなる。つまり，一貫して容認派に投票し続けた「容認派⇒容認派」をベースカテゴリとして，主に「容認派⇒反対派」の有権者，および「反対派⇒反対派」の有権者について，投票行動の変化に対する規定要因を探ることがここでの分析の目的となる。

　分析モデルとしては，年齢，性別による影響をコントロールしたうえで，通常の選挙において一般的に投票行動を規定すると思われる要因，米軍基地問題に関係する要因，民主党政権誕生に伴う要因のそれぞれについて，各2種類の変数を作成した。

　まず，選挙に関連する一般的要因としては，政党支持と業績評価に関する変数を投入する。政党支持については，当時の県政与党であり，名護市長選にお

いても2002年以降の3度の選挙において選挙協力の枠組みを維持してきた自民，公明の両党に対する支持の有無に着目し，ダミー変数とする。また業績評価に関しては，現職として今回の選挙に臨んだ島袋に対する業績評価について，大いに評価できる＝5〜全く評価できない＝1とする5点尺度の変数である。

　米軍基地問題に関係する変数については，筆者が山口県岩国市の住民投票を分析した際に採用したもの（塩沢，2009）と同様の変数を使用する。すなわち，「基地迷惑度」については，「あなたは，日常生活の中で米軍基地の存在を迷惑と感じますか。」との設問に関して，たびたび感じる＝2，時々感じる＝1，感じることはない＝0とした3点尺度の変数である。また，「地元経済への貢献度」については，「米軍基地の存在は，地元の経済にとってどの程度役に立っていると思いますか。」との設問に関して，大いに役に立っている＝4〜全く役に立っていない＝1とした4点尺度の変数である。これら2種類の変数によって，米軍基地に対する日頃の意識が市長選での投票行動にいかなる形で影響を及ぼしているかが明らかになると思われる。

　民主党政権誕生に伴う要因については，普天間移設問題をめぐる民主党政権への評価と，当時の鳩山内閣を支持していたか否かを考慮する。前者に関しては，普天間移設問題をめぐる民主党政権の対応についてどのように評価するかを尋ねた設問をもとに，大いに評価できる＝5〜全く評価できない＝1とする5点尺度の変数である。また後者に関しては，鳩山内閣を支持すると答えた人を1，支持しないと答えた人を0とするダミー変数である。「基地迷惑度」および「地元経済への貢献度」といった基地関連の変数を，名護市民の投票行動を規定する中長期的な要因とすれば，民主党政権誕生に関連する変数については，より短期的な要因として捉えることができるだろう。

　以上の各変数をもとに多項ロジット分析を行ったところ，表3-3のような推定結果が得られた。まず，市長選で一貫して反対派候補に投票し続けた「反対派⇒反対派」のカテゴリから見ていくと，一貫して容認派候補に投票し続けた人との対比において，選挙における一般的要因（政党支持，業績評価），米軍基

表 3-3　名護市長選における投票行動の変化（多項ロジットモデル）

投票行動の変化		係数		標準誤差	z
容認派⇒反対派	定数	4.682	***	1.410	3.32
	20代	.781		1.159	0.67
	30代	−.791		.859	−0.92
	40代	.534		.854	0.62
	50代	.683		.790	0.87
	60代	−.986		.818	−1.21
	男性ダミー	−.078		.411	−0.19
	自公支持ダミー	−.856		.541	−1.58
	島袋に対する業績評価	−1.725	***	.252	−6.86
	基地迷惑度	.564	†	.307	1.83
	地元経済への貢献度	−.527	†	.281	−1.87
	普天間をめぐる民主政権評価	.359		.227	1.58
	鳩山内閣支持	.688		.510	1.35
反対派⇒容認派	定数	1.547		2.759	0.56
	20代	−15.963		2849.165	−0.01
	30代	.079		1.342	0.06
	40代	−1.233		1.645	−0.75
	50代	−14.340		726.094	−0.02
	60代	−.561		1.420	−0.4
	男性ダミー	−1.731	†	.954	−1.81
	自公支持ダミー	−15.618		742.995	−0.02
	島袋に対する業績評価	−.603		.550	−1.1
	基地迷惑度	−.395		.648	−0.61
	地元経済への貢献度	.163		.569	0.29
	普天間をめぐる民主政権評価	−.222		.448	−0.5
	鳩山内閣支持	.180		.961	0.19
反対派⇒反対派	定数	4.579	**	1.446	3.17
	20代	−.287		1.346	−0.21
	30代	−.693		.862	−0.8
	40代	.294		.885	0.33
	50代	.600		.816	0.74
	60代	−.670		.804	−0.83
	男性ダミー	−.131		.431	−0.3
	自公支持ダミー	−1.638	*	.752	−2.18
	島袋に対する業績評価	−2.124	***	.268	−7.92
	基地迷惑度	1.267	***	.328	3.87
	地元経済への貢献度	−.645	*	.293	−2.2
	普天間をめぐる民主政権評価	.422	†	.238	1.78
	鳩山内閣支持	1.991	***	.550	3.62
	N	416			
	Log likelihood	−231.411			
	χ^2	456.56	***		
	Pseudo R^2	.497			

＊ベースカテゴリは「容認派⇒容認派」　　　*** p<0.001　** p<0.01　* p<0.05　† p<0.1

地問題に関連する要因（基地迷惑度，地元経済への貢献度），民主党政権誕生に伴う要因（普天間問題をめぐる政権評価，鳩山内閣支持）のいずれもが，それぞれ有意な相関のあることが示された。すなわち，「反対派⇒反対派」の有権者は，県政与党の自公両党を支持せず，島袋市長の業績についても厳しい評価を下し，また米軍基地に対しても否定的な意識を有すると同時に，民主党政権誕生に伴うプラスの影響も一定程度まで受けながら，反対派候補に投票し続けたと捉えることができる。

　他方で，「容認派⇒反対派」のカテゴリに着目すると，やや傾向は異なる。民主党政権誕生に伴う要因および政党支持については有意な相関関係は確認できず，米軍基地関連の変数も10％水準で有意性を示すにとどまる一方，島袋に対する業績評価の効果がかなり頑健なものであることが読み取れる。この推定結果の意味するところは，一貫して容認派候補に投票し続けた人との対比において，容認派の島袋から反対派の稲嶺に乗り換えた有権者は，民主党政権誕生によって普天間の「県外・国外移設」に対する期待が県内で高まったこととは比較的無関係に，主に島袋に対する政権交代以前からの不満・不信に基づいて稲嶺に投票する傾向が強かった，ということであろう。

　実際，前回選挙で当選後の2006年4月に，滑走路を2本建設する「V字案」受け入れで政府と合意した島袋は，名護市の内外で強い反発に遭った。同案受け入れ後に沖縄タイムスが県民を対象に実施した電話世論調査では，名護市を含む北部地域でV字案への反対は66％に上り，同案を容認した島袋の判断に対しては62％が不支持を表明した[5]（『沖縄タイムス』2006年4月19日）。島袋の前任の岸本市政下では，1999年末の受け入れ表明以降，政府との困難な交渉の中で地域振興策を引き出してきたことが一定の評価を得ていたが，島袋によるV字案受け入れ表明が，岸本が病死した直後の出来事だったこともあり，今回の市長選では岸本の未亡人である能子夫人が，前回選挙で岸本の後継として当選した島袋ではなく稲嶺の陣営に回っていた（『朝日新聞』2009年12月6日）。本章で使用した郵送調査で見る限り，このような状況に有権者も敏感に反応している。多項ロジット分析における「容認派⇒反対派」のカテゴリに該当する87

名のうち，岸本の市長時代の業績を「大いに評価」もしくは「ある程度評価」する人が合計で約55％（48名）に達する一方，島袋の業績については「あまり評価しない」と「全く評価しない」の合計がやはり約55％（48名）という，対照的な数字が表れた。これらのことは表3-3の推定結果を支持するものであり，岸本市長時代からの支援者の一部が今回の選挙で離反した事実を，データの面からも示唆するものであると解釈できる[6]。

つまり，一貫して反対派候補に投票し続けた有権者と，前回選挙で容認派に投票し今回は反対派に投票した有権者のそれぞれにおいて投票行動の傾向に着目すると，両者の間には比較的明確な相違があったといえる。政権交代やその後の民主党政権の迷走を受けて行われた今回の名護市長選は，「移設反対派の勝利」として報じられたものの，反対派の稲嶺に投票した人の行動は一様ではなく，民主党政権の誕生が及ぼした直接的な影響は，前回と今回の市長選で一貫して反対派候補に投票し続けた人に対してのみ作用する，いわば限定的なものであったと捉えることができる。

3.2　普天間移設問題をめぐる態度変化：調査時点における1年前からの変化

続いて，今回の市長選でも「最大の争点」とされた普天間移設問題をめぐる有権者の態度変化について，前項と同様の分析枠組みに沿って見ていきたい。郵送調査においては，普天間基地の移設先について，「県内移設」「県外移設」「国外移設」「移設しない」のどれに近い考えを持っているかを尋ねているが，政権交代前後における態度の相違が明らかとなるよう，「現在の考え」と「1年前の時点での考え」を同じ設問で回答させている。なお，4つの選択肢のうち「移設しない」については，普天間基地を移設せず継続使用することを念頭に置いて設けたものであったが，沖縄県民の中には「米軍基地は撤去すべし」との考え方も根強く残っており，調査設計の段階でその点についての配慮が足りなかったため，「移設しない」と答えた者の意図は，結果として判然としないものとなった[7]。したがって，ここでは「県内移設」「県外移設」「国外移設」の3つの考え方に着目し，有権者の態度変化を分析することとする。

表 3-4　普天間移設問題をめぐる態度変化

		現在（2010年名護市長選直後）の考え					
		県内移設		県外移設		国外移設		移設しない	無回答
1年前の考え	県内移設	①	127	②	36	②	19	8	3
	県外移設	③	11	④	129	④	58	6	2
	国外移設		5		15		208	2	2
	移設しない		4		10		8	33	0
	無回答		6		13		14	3	36

　表3-4は，普天間移設をめぐる現在の考え，および1年前の考えについてクロスデータをまとめたものである。1年前の段階で「県内移設」の考えだった人に関しては，政権交代後もなお同じ態度を取る人が約3分の2に上るが，その一方，県外もしくは国外移設に態度を変化させた人が3割弱に達している。自民党政権下において既定路線とされていた県内移設を容認していた人の中で，政権交代を経たのちに「県外・国外」に考えを変えた人は少なくないといえる。

　他方，自民党政権時代から既に県外もしくは国外移設を望んでいた人に関しては，政権交代後も概ね態度は一定であり，「県外移設」の考えだった人の中で「国外移設」へとさらに態度を強硬にした人も約3割いる。これについても，政権交代の前後における興味深い変化といえるが，ただ，ここでの分析の目的は，自民党政権の方針であった「県内移設」と市長選の前後で民主党政権が模索していた「県外・国外移設」との間で，いかなる形で有権者の態度変化が生じていたかを探ることにある。したがって，表3-4の太枠で囲った4つのカテゴリ，すなわち，①「県内⇒県内」②「県内⇒県外・国外」③「県外・国外⇒県内」④「県外・国外⇒県外・国外」の4者に分類したうえで，投票行動の分析と同様に多項ロジット分析を試みる。

　推定結果は，表3-5のとおりである。まず「県外・国外⇒県外・国外」のカテゴリから見ていくと，1点目に，米軍基地問題に関連する2つの変数の説明力が強固なものであることが分かる。やはり，日頃から米軍基地の存在を迷惑

表 3-5　普天間移設問題における態度変化（多項ロジットモデル）

普天間態度変化		係数	標準誤差	z
県内⇒県外・国外	定数	1.416	1.408	1.01
	20代	−1.198	.949	−1.26
	30代	−1.861*	.894	−2.08
	40代	−.710	.765	−0.93
	50代	−.136	.704	−0.19
	60代	−.340	.744	−0.46
	男性ダミー	.172	.394	0.44
	自公支持ダミー	.105	.476	0.22
	島袋に対する業績評価	−.401*	.191	−2.1
	基地迷惑度	.226	.291	0.78
	地元経済への貢献度	−.626*	.295	−2.12
	普天間をめぐる民主政権評価	.468*	.210	2.23
	鳩山内閣支持	.461	.507	0.91
県外・国外⇒県内	定数	−1.789	2.386	−0.75
	20代	.242	1.389	0.17
	30代	.752	1.188	0.63
	40代	−14.504	852.569	−0.02
	50代	−1.065	1.484	−0.72
	60代	−.152	1.311	−0.12
	男性ダミー	.294	.630	0.47
	自公支持ダミー	−.163	.761	−0.21
	島袋に対する業績評価	.082	.362	0.23
	基地迷惑度	.200	.495	0.41
	地元経済への貢献度	−.347	.481	−0.72
	普天間をめぐる民主政権評価	.058	.334	0.17
	鳩山内閣支持	.710	.759	0.94
県外・国外⇒県外・国外	定数	5.695***	1.149	4.96
	20代	−1.690*	.740	−2.28
	30代	−1.530*	.656	−2.33
	40代	−1.581*	.665	−2.38
	50代	−.732	.624	−1.17
	60代	−.626	.641	−0.98
	男性ダミー	−.566†	.306	−1.85
	自公支持ダミー	−1.192**	.385	−3.1
	島袋に対する業績評価	−.239	.160	−1.5
	基地迷惑度	1.158***	.232	5
	地元経済への貢献度	−1.319***	.245	−5.38
	普天間をめぐる民主政権評価	.089	.165	0.54
	鳩山内閣支持	.988**	.374	2.64
	N	522		
	Log likelihood	−320.150		
	χ^2	308.31 ***		
	Pseudo R^2	.325		

＊ベースカテゴリは「県内⇒県内」　　　　　*** $p<0.001$　** $p<0.01$　* $p<0.05$　† $p<0.1$

と感じ，基地から享受する経済的な恩恵についても否定的な見方をする人ほど，時の政権の方針に関係なく県外や国外への移設を望む態度は一貫しているといえる。2点目に，民主党政権誕生に伴う要因に関しては，普天間問題をめぐる政権への評価については有意ではないものの，内閣支持は一定の有意性を示しており，また自公支持ダミーもマイナスで有意となっている。すなわち，県内移設に対する有権者の一貫した反対姿勢は，政党や内閣に対する支持如何によって規定されている側面があり，また政党支持が有意な相関を持つという結果は，沖縄の基地問題における保革のイデオロギー対立が根強く残っていることをある程度まで反映しているとも捉えることができるだろう。

　これら2点は，投票行動の分析における「反対派⇒反対派」のカテゴリと概ね似たような結果ともいえる。一方で，「反対派⇒反対派」との相違点としては，普天間移設をめぐる「県外・国外⇒県外・国外」のカテゴリにおいて島袋に対する業績評価が有意でなかった点，それと世代による傾向の違いがある程度明確に表れた点が挙げられる。前者に関しては，普天間問題における態度の一貫性が，いわば各自の信念や価値観に基づくものであり，市政をめぐる状況によって直接的には左右されないものと理解できる。換言すれば，普天間移設をめぐる態度の一貫性が，市長選において一貫した行動を取り続けることと必ずしも同義ではないということを示唆している。また後者に関しては，「70歳以上」を参照カテゴリとして，20代〜40代の各世代におけるダミー変数がいずれもマイナスで有意な相関関係を示しているのだが，これについては，子供の頃から「基地があるのが当たり前」という環境の中で過ごしてきた若年層の人ほど，米軍基地に対してより寛容な態度を取る傾向があると解釈することができる[8]。

　他方，「県内⇒県外・国外」のカテゴリに着目すると，有意な相関関係を示しているのは，世代ごとのダミー変数のうち「30代」と，島袋に対する業績評価，米軍基地の地元経済への貢献度，普天間問題をめぐる民主党政権評価の各変数である。これらの推定結果からいえることは，まず世代による傾向の相違については，「県外・国外⇒県外・国外」のカテゴリにおける推定結果と併せ

て考慮すると，「県内移設」を容認し続ける傾向はやはり若年層において相対的に強いということである。また，残りの3変数についていえば，いわゆる「基地経済」と称される米軍基地からの恩恵を自明のものとして捉えていた人々の中で，それを疑問視する人が徐々に現れ始め，普天間問題をめぐる現政権へのプラスの評価や，島袋市長に対するマイナスの評価とも相まって，県内移設容認の考えから県外・国外移設へという態度変化に結びついた，といった解釈ができる。

以上の結果については，投票行動の変化について分析した前項の推定結果と照らし合わせながら，次節の考察の中でより詳細に検討を加えたい。

4．考　　察

前節では，中央における政権交代の前後において，名護市長選での投票行動や普天間移設問題をめぐる態度がいかなる形で変化したかという観点から，動態的な分析を試みてきた。しかしながら，名護市民の投票行動の変化や態度変化に対して，政権交代そのものが与えた直接の影響は限定的なものであり，民主党政権の誕生がもたらした効果は，従来からの反対派，県外・国外移設派の態度をさらに強固なものにし，彼らの「期待」をより高めるだけにとどまるものであったというのが，2種類の多項ロジット分析による推定結果の示唆するところである。したがって，過去の市長選において容認派が常に選挙戦を制してきた中で，初めて反対派候補が勝利したという今回の市長選の結果は，実は極めてローカルな要因が「決定打」となった側面が強いということを，本章においては指摘することができる。

すなわち，分析モデルにおける各変数の中では，特にカギとなっているのが島袋市長に対する業績評価である。V字案合意をめぐって島袋が大きな批判を受けたことは既述のとおりであるが，市長としての業績評価は，全てが基地問題に起因するものではないのも事実である。島袋の対抗馬として稲嶺が出馬するに至る経緯を見ても，元をたどれば市幹部人事への不満など，島袋の市政運

営に反発した保守系市議6人に担ぎ出されたことが発端だった[9]（『読売新聞』2010年1月13日）。その結果，今回の選挙戦において保革合わせて14人となった稲嶺派市議団は，島袋を支える12人を超えることとなった。こうした首長と議会の対立は，いわゆる無党派知事のようなカリスマ的人気を誇る首長を擁するケースを別とすれば，しばしば首長に対する評価を下げる要因となりうるものである。したがって，島袋に対する業績評価が，基地問題以外の要素も多分に含んでいると解釈することが可能であり，このような観点から，名護市長選における有権者の判断基準は，単に普天間問題のみに収斂するものではないことを指摘することができる。

　ただ，基地問題が争点となる選挙においてより複雑なことは，第2節でも既述したように，「賛成」「反対」や「保守」「革新」といった二項対立だけで全て一括りにできるものではないという点であり，投票に際して，全ての有権者が基地問題に対する意思をストレートに表明できているわけではないという点である。実際，第3節の多項ロジット分析において扱った2種類の従属変数間でクロスデータを取ると，名護市民の市長選における選択がいかに複雑なものであるかがよく理解できる。普天間問題をめぐり一貫して県内移設を容認する「県内⇒県内」の人々に関しては，ほとんどの人が市長選でも容認派候補に投票し続けているのだが，表3-6の網掛け部分にあるように，県内移設から県外または国外移設に考えを変えた「県内⇒県外・国外」の人々や，一貫して県外・国外移設を求める「県外・国外⇒県外・国外」の人々に着目すると，彼らの投票行動の動態はやや複雑である。「県内⇒県外・国外」と態度を変化させた人

表3-6　投票先変化と普天間態度変化のクロスデータ

普天間態度変化	容認⇒容認	容認⇒反対	反対⇒容認	反対⇒反対
県内⇒県内	86	7	2	3
県内⇒県外・国外	20	16	0	6
県外・国外⇒県内	10	1	1	0
県外・国外⇒県外・国外	59	48	5	151

（市長選投票先変化）

は，前回選挙では大半が容認派候補に投票しているが，そのうち今回の選挙で反対派候補に乗り換えた有権者は半数弱にとどまり，一貫して「県外・国外」移設を求める人でも，前回選挙で容認派に投票した人の中で今回，反対派候補に投票先を変えた有権者は半数に満たない。

これまでに沖縄県民あるいは名護市民を対象に実施されてきた種々の世論調査において，辺野古への基地移設に対しての反対意見，もしくは県外や国外への移設を求めるという意見は，調査時期を問わず7～8割程度に上るという傾向が一貫して表れる[10]。だが，それにもかかわらず，名護市長選において移設容認派優位の構図が続き，今回選挙でも接戦を演じた背景には，やはり"基地経済"，すなわち米軍基地と地元経済との密接な関わり合いがあり，移設への協力と引き換えに多額の振興策が投じられてきた長年の経緯がある。表3-3および表3-5に示した推定結果からいえば，「地元経済への貢献度」が有力な説明変数の1つとなっていることが，それを示唆している。

普天間基地の辺野古移設が閣議決定されたのを機に2000年度からスタートした北部振興策など，これまでに名護市に対して投じられてきた振興策の総額は600億円以上といわれ，市の年間予算に占める基地関係収入の割合も2001年度以降，25％前後で推移している。振興策が生み出す雇用や公共事業などを目当てに，また基地移設工事をあてにして，容認派候補を支持する地元の建設業者などは，市長選のたびになりふり構わぬ選挙動員を行ってきた[11]。移設を容認する市長のもとで積極的な企業誘致が行われ，新たな雇用が生まれたことも事実であり，2008年度には名護市の法人市民税は約9億5千万円と前年度の2倍以上に伸びた。しかし，その一方で，基地移設に期待した地元の建設業者にとっては，国の振興策だけでは必ずしも継続的な恩恵があるとはいえず，名護市では2000年以降，30社以上の建設業者が倒産した[12]（『沖縄タイムス』2010年1月12日）。

これらの状況も踏まえ，表3-6の網掛け部分のデータが意味するところを考慮すると，以下のようなことがある程度までいえるだろう。すなわち，これまで選挙動員に組み込まれていた人々のうち，ある者は移設に対する態度を変更

させてもなお，引き続き国の振興策に期待をかけ，あるいは一貫して辺野古移設に反対の意思を持ちながらも勤務先などの締め付けにより渋々，容認派候補への投票を続け，またある者は「基地経済」の限界を感じ取り，移設問題に関する自らの態度変化に沿って，あるいは従来からの辺野古移設反対の意思に沿って，容認派から反対派へ投票先を変えた，ということである。

　ここまでの分析および考察からいえることは，2010年の名護市長選挙を1つの契機として，従来から複雑であった名護市民の基地問題をめぐる「民意」の構造が流動化し，新たな経路をたどりつつあるということであろう。しかしながら，そうした「民意」の流動化に対しては，民主党政権の誕生が1つの転換点となっていることには違いないものの，移設問題をめぐって長年翻弄されてきた市民の心理の中には，政権交代以前からの基地に対する感情や容認派市政に対する意識が深く根付いており，そのために，表3-3や表3-5の多項ロジット分析の結果に表れた民主党政権誕生の効果は，限定的なものとなったと考えられる。本稿で使用した郵送調査は2010年1月の市長選直後に実施されたものであるため，それ以降に民主党政権が辺野古案に回帰した経緯や，その後の自民党の政権復帰まではカバーできていないものの，やはり沖縄の基地問題をめぐる「民意」の動態を政権交代と関連付けて一義的に論じることには，一定の限界があるといえるだろう。

5．おわりに

5.1　名護市民の投票行動と「民意」の多重性

　2010年1月の名護市長選挙は，少なくとも全国メディアにおいては，前年の政権交代および民主党政権内での普天間問題をめぐる迷走ぶりの延長線上に，主として位置づけられるトピックであった。それゆえ，市長選をめぐる報道においては，国政の"怠慢""不作為"によって，普天間問題に対する判断が名護市民に押し付けられた，というのが1つの捉え方であったといえる。それも確かに，このときの名護市長選の一側面であり，また前年の総選挙における民主

党候補者の訴えに共感し，市長選でも反対派候補に投票し続けた有権者が多かったのも事実である。

　ただ，「移設反対の市長誕生」を決定的にしたのは，従来の容認派支持から反対派へ乗り換えた有権者であり，彼らの存在を含めて考慮すると，反対派市長に対する支持構造は多分に複雑であったといえる。すなわち，政権交代などを機に，従来からの態度をより強固なものにした反対派の有権者の上に，現職市長への反発などを主な要因として容認派から反対派に投票先を変えた有権者が加わったことで，これまで以上に多重的な「民意」が形成された選挙として，2010年の名護市長選を位置づけることができるだろう。

　したがって，本章で参照した先行研究との関連性を改めて整理すると，国政レベルの政策争点・対立軸が地方選挙に及ぼす影響という観点からは，「県外・国外移設」を公言し政権交代を果たした民主党政権の存在が有権者の投票行動や態度変化に与えた影響は，限定的であったといえる。その要因としては，従来の先行研究の多くが扱ってきた都道府県や政令市レベルのケースと異なり，人口6万人の名護市のような，よりミクロレベルにおいては，業績評価などの要因がより前面に出てくるため，選挙構造が異なってくると考えられる。それに加え，名護市民および沖縄県民にとってみれば，基地問題は沖縄県内の地方選挙における数十年来の対立争点であり，沖縄の基地問題が県内の地方選挙に与える影響は，普天間問題自体が「国政マター」であるとはいえども，地元の了解が必要な政策課題でもあり，従来の研究枠組みでは説明しきれないと解釈することができる。

　また別の観点からいえば，多重的な「民意」が形成される過程において，名護市の有権者が過去の市長選と比較して，より能動的な選択を行うことができたという捉え方も可能と思われる。2012年2月初めには，普天間基地を抱える宜野湾市の市長選挙において，沖縄防衛局長が職員への「講話」により投票を呼びかけていたことが表面化し，全国メディアでも大きく報じられた。一連の報道においては，1997年の名護市民投票やその後の名護市の選挙でも同様に，職員による動員・働きかけが行われてきたことにも触れられており，名護市長

選における組織動員も依然として強固であるのは間違いない。だが，そのような選挙戦が常態化する中においても，普天間問題や名護市政における状況の変化に応じて，自らの投票行動や普天間問題をめぐる態度も柔軟に変化させる傾向が表れ始めたというのが，本章の分析が示唆するところであり，それが直近の名護市における有権者像であると，ある程度まではいえる。

　しかしそれでも，基地問題が争点とされる選挙においては，少なからぬ有権者が極めて複雑な選択を迫られる。名護市民を含む多くの沖縄の有権者にとっては，選挙に際して避けて通れない課題ではあるが，医療，福祉，教育など地域に根差した多様な政策課題が，基地問題とは切り離された形で争点としてよりクローズアップされることが，本来の自治体選挙の在り方として望まれるところであろう。2010年の名護市長選挙における最大の争点が基地問題であったのは疑いのないところであるが，他方で本章の分析から読み取れるのは，名護市における選挙が「普通の地方選挙」へと変化していくわずかな兆しを見せた点もまた，2010年の名護市長選挙の一側面であったということである。

5.2　補遺――2014年名護市長選の前後およびそれ以降の経過を踏まえて

　なお本章は，2014年の名護市長選が行われる以前に一度，草稿として仕上げていたものであったが，その後の時間の経過の中で再び市長選が行われ，普天間移設問題も新たな局面に入った。

　任期満了に伴う2014年1月の市長選では，稲嶺が前回選挙よりさらに2千票近く票を上積みし，再選を果たした。同年の名護市長選は，国政の場では自民党政権が改めて「県内移設」を打ち出す中で行われたが，この選挙の前月には，民主党政権が迷走する状況下で一度は「県外移設」を求めていく立場を表明していた仲井眞知事が，再び態度を転換させ，政府が申請していた辺野古沿岸部の埋め立てを承認した。すなわち，移設に反対する人々の期待は，国政だけでなく県政のレベルにおいても裏切られる格好となった。実際，選挙直前の世論調査を見ると，埋め立て承認前の2013年12月中旬に沖縄タイムスが実施した県民世論調査において，仲井眞知事への支持は県全体で57％だったが，名護市長

選を前に市内の有権者を対象に行われた電話調査では，知事を「支持する」は24％であった（『沖縄タイムス』2014年1月14日）。

　2014年の市長選に関しては詳細なデータが無いため，殊更に踏み込んで論じることは控えたいが，2010年の市長選時点では，仲井眞知事は従来からの県内移設容認の立場を"堅持"していたのに対し，2014年の選挙時には，埋め立て承認という形での知事の方針"転換"という状況が加わった。名護市民から見て国政より近い県政レベルの方針転換もまた，市民の投票行動に何らかの影響を及ぼしたことが推測される。

　その後，同年11月の県知事選では仲井眞が敗れ，前那覇市長の翁長雄志が新知事に就任した[13]。この選挙では，普天間の県内移設断念などを求める勢力が保革の枠組みを超えて翁長を支持したことが，新知事誕生の原動力となったが，稲嶺市長と同様，翁長知事の支持構造もやはり多重的といえる。直近の状況においては，名護市のみならず沖縄県全体で見ても，普天間問題をめぐる「民意」の構造は流動化しつつある。民主党政権の誕生以降，普天間をめぐって県民世論が揺れ動く「出発点」となった県内選挙が2010年の名護市長選であったとするならば，元々は前市長に対する業績評価の低さを決定打とする新市長誕生という結果が，その後の各種選挙や国政・県政における状況変化などを経て，今現在に至る普天間移設をめぐる県内世論をもたらしたと捉えることもできる。こうした解釈が妥当かどうかは議論の余地があるだろうが，この見立てが適切だとすれば，個別の時点における「民意」をどう解釈するかという観点においても，1つの示唆を与える一連の現象であるといえる。

1) 郵送調査は，慶應義塾大学G-COE市民社会ガバナンス教育研究センター（CGCS）において，名護市長選の投開票日の翌日にあたる2010年1月25日から2月22日まで実施したものである。名護市の選挙人名簿に登録された満20〜84歳の有権者2,000名を，市内の全18カ所の投票区を単位とした層化抽出法（比例割当）により選び出し，そのうち転居・不着を除く1,972名の対象者から758件の有効回答を回収した。回収率は38.4％であった。
2) それまでは，当時の最大野党であり革新第1党であった沖縄社会大衆党は1966

年まで基地への態度を明確に示さなかったし，1972年の本土復帰に至るまでの12年間，沖縄における復帰運動の中心的役割を果たした沖縄県祖国復帰協議会（復帰協）もまた，結成当初は「復帰優先論」のもと，各政党や労組，民間団体間で見解が分かれる基地問題については一切言及していない（櫻澤，2010；平良，2002）。

3) 基地従業員の中では，県民投票に反対する立場から新たな労働組合「全沖縄駐留軍労働組合」が，既存の労組に対抗する形で発足した（『沖縄タイムス』1996年8月16日）。また，自民党沖縄県連は「県の取り組みは行き過ぎ」などとして，県民投票の「棄権」を決定したが，一般市民に対する棄権の呼びかけについては，一度は行う方針を示したものの，最終的に「静観」に近い形となった（『沖縄タイムス』1996年8月27日，8月31日，9月4日）。

4) このほか，沖縄の事例ではないが，同様に在日米軍基地の問題が争点となった山口県岩国市の住民投票では，岩国基地への空母艦載機移駐の是非について「賛成」「反対」の二者択一で尋ねた実際の投票では「反対」が圧倒的多数だったのに対し，「条件付受け入れ」を求めるのか「白紙撤回」を求めるのかという対立軸においては，岩国市民の「民意」は拮抗することが明らかにされている（塩沢，2009）。

5) なお，県全体で見ると，V字案への反対は71％，島袋の容認判断への不支持は68％であった。一方，同案に拒否を示す稲嶺恵一知事の姿勢については73％が支持し，不支持は17％にとどまった。

6) 加えて，「容認派⇒反対派」のカテゴリにおいて政党支持が有意性を示さなかったこともまた，今回の名護市長選の背景を一定程度まで説明する推定結果といえる。それまで県内移設容認の立場だった自民党沖縄県連は，鳩山政権が移設先選定を「5月末」に先送りする1週間前の2009年11月に，年内に政府方針が示されない場合に県外移設要求に踏み込む方針を全会一致で決めた（『琉球新報』2009年11月28日）。それでもなお，島袋の基本的な姿勢は「県内移設容認」であったから，自民党への推薦依頼を見送ったことも相まって，保守系の一部の有権者にとっては，政党ラベルに依拠して投票行動を決定することが難しい側面もあったと考えられる。

7) 例えば，2010年5月末に琉球新報社と毎日新聞社が合同で実施した県民世論調査では，名護市辺野古への移設に「反対」と答えた84％の人のうち，その理由として「無条件で撤去すべきだ」を選択した人が38％に上っている（『琉球新報』2010年5月31日）。

8) 実際，クロスデータで見ても，「県内⇒県内」に該当する人の割合は，50代以上と比べて20〜40代において相対的に高く，50代〜70歳以上ではいずれも20％未満であるのに対し，20〜40代ではいずれも20％を超え，最も高い30代で29.7％となっている。

9) 6人は元々移設容認派であり，支持者には建設業者が多いとのことである。移設工事の受注に期待して容認派市長の当選に尽力してきた建設業者が，自らの支

持する市議の動きに乗じて島袋に見切りをつけたことが，結果として稲嶺が初当選を果たす一因となったとの見方もできる。
10) 『琉球新報』2010年5月31日；同年1月19日，『沖縄タイムス』2010年1月19日；2009年11月11日；2004年9月14日，『朝日新聞』2006年1月23日，『読売新聞』2010年1月19日などを参照。この他にも，普天間移設の是非を尋ねた世論調査は多数あると思われる。また，調査方法が異なるため単純に比較はできないが，本章で使用した郵送調査では，無回答を除く有効回答のうち，「県外移設」および「国外移設」を求める人の合計が，「現在の考え」で約71％，「1年前の考え」でも約64％に上る。
11) 名護市長選における選挙動員の熾烈さは，期日前投票の異様な割合の高さにも表れており，2006年の市長選では，移設容認派による動員の結果，期日前および不在者投票の割合は投票者数の30.5％に上った。さらに2010年の市長選では，反対派の稲嶺陣営でも，元島袋派の保守系市議がお年寄りを車で送迎するなどして島袋陣営の「お家芸」に対抗した結果，投票者数34,553人に占める期日前・不在者投票は14,514人となり，42％に達した。なお，名護市長選における期日前投票の過熱ぶりについては，『朝日新聞』2010年1月21日；同25日などを参照。
12) 防衛省発注の工事は契約の条件が厳しく，参入できる県内業者は限られているため，県建設業協会によると，国関係機関の発注工事で県内企業が元請けしているのは50％で，残りの50％は本土の業者である（『朝日新聞』2010年5月15日）。
13) なお，県知事選と同時に県議補選（名護市選挙区）も実施され，同年1月の市長選で稲嶺に挑んだ末松文信が出馬し移設反対派候補との一騎打ちとなったが，接戦の末敗れている。

参 考 文 献

1. 江上能義「五五年体制の崩壊と沖縄革新県政の行方 ―『六八年体制』の形成と崩壊―」，日本政治学会年報『五五年体制の崩壊』，1996年，173-188頁。
2. 河村和徳「政党の選挙戦略から見た地方選挙 ―2007年統一地方選挙の位置付けを考える―」，『選挙研究』23，2008年，57-65頁。
3. 小林良彰『現代日本の選挙』東京大学出版会，1991年。
4. 三宅一郎『政治参加と投票行動 ―大都市住民の政治生活―』ミネルヴァ書房，1990年。
5. 名取良太「2007年統一地方選における戦略投票 ―集計データによる44道府県議選の分析―」，『選挙研究』23，2008年，66-81頁。
6. 櫻澤誠「戦後沖縄における保革対立軸の成立と『島ぐるみ』運動」，『年報政治学』2010-Ⅱ，2010年，255-277頁。
7. 塩沢健一「沖縄県民投票に関する計量分析 ―迷惑施設をめぐる有権者の投票行動―」，『レヴァイアサン』35，2004年，105-130頁。
8. 塩沢健一「『民意』は一通りではない ―米軍岩国基地問題と住民投票・市長選挙―」，『年報政治学』2009-Ⅱ，2009年，203-224頁。

9. 曽我謙悟・待鳥聡史『日本の地方政治 —二元代表制政府の政策選択—』名古屋大学出版会, 2007年。
10. 砂原庸介「地方における政党政治と二元代表制 —地方政治レベルの自民党『分裂』の分析から—」,『レヴァイアサン』47, 2010年, 89 – 107頁。
11. 平良好利「沖縄復帰運動の政治的動態 —復帰協を中心として—」,『国際関係学研究』15, 2002年, 35 – 57頁。

第 4 章
小選挙区比例代表並立制における比例公認

スティーブン R. リード

1. はじめに

　小選挙区の公認については，はっきりした理想論がある。すなわち，各選挙区に当選確率の最も高い候補者を1人だけ公認すべきということである。しかし，比例区の公認には，そのような理想論がない。また，並立制では政党の選択肢がさらに多くなるので，比例区における理想的な公認基準はさらに複雑である。

　日本型比例代表制の選択肢を複雑にしている理由は，主に次の2つである。すなわち，(1)小選挙区の候補者は，比例区との重複立候補ができることと，(2)重複立候補の候補者を名簿に同一順位に乗せることによって，小選挙区で落選した候補者の比例名簿の順位を小選挙区の選挙結果から算出された惜敗率順で並べ替え，比例の復活当選者を決めることである。これら2つの条件は，小選挙区制と比例代表制を組み合わせる選挙制度では珍しくないが，各国の細目は多様である。

　この論文の目的は，日本の政党の比例公認行動を分析することである。これにより，理想論がなくても，自民党と民主党という二大政党は，結局，同じ原則を目指すようになることを明らかにする。その原則とはすなわち，(1)小選挙区の候補者全員を比例で重複立候補させる，(2)重複立候補している候補者を全

員名簿上で同一順位にする，の２点である。このような原則によって，比例で当選する候補者を，党が決めるのではなく，有権者に任せると同時に，小選挙区でより健闘した候補者を当選させることができる。

　自民・民主両党はこの原則を目指しながら，例外も設けているので，公認の形態は次の３つにわけることができる。すなわち，(1)原則通りの重複立候補と「同順位公認」，(2)同順位より高い，当選確実と思われる「楽勝公認」，(3)同順位より低い，落選確実で参加賞にすぎないと思われる「参加公認」である。小選挙区比例代表並立制が用いられた最初の選挙である1996年総選挙には分類しにくい事例があるが，それ以降は両党が原則に近づくので，分類しやすくなる。例えば，比例名簿の順位が，１，２，３，３，３…３，３，27，28，29，30のようになっている場合，１位と２位は「楽勝公認」，３位は「同順位公認」，27位以下は参加公認とみなすことができる。

　この分類に基づき，自民党と民主党の比例公認を分析する。本研究のその結論は次の３点である。(1)目指している原則により早く近づいたのは民主党であった，(2)自民・民主両党は，楽勝公認を，主に小選挙区の公認問題を解決するために利用した，(3)参加公認は無意味と思われていたが，自民党が圧勝した2005年総選挙，自民党が惨敗して民主党が躍進した2009年総選挙では，落選確実と思われた候補者が多く当選して，想定外の問題が発生した。

　二大政党以外の政党を，便宜上，第三党と呼ぶことにする。第三党の比例公認行動はまちまちであるが少なくとも，公明党と共産党には共通点がある。すなわち，同一順位によって当選する候補者を有権者に任せるということがなく，決めるのは党本部であるということである。長期的に生き残る可能性の高い第三党はこの両党であるので，第三党にとって最適な公認方針と思われるかもしれないが，この理想を実現するのに必要な組織力のある政党がこの両党だけということでもある。

2．二大政党の比例公認の原則

　小選挙区比例代表並立制初の選挙となった1996年総選挙では，各党が公認に苦しんだ。比例区の公認については，各党が原則のあり方を模索していた。しかし，並立制のもとでの二回目の選挙になった2000年総選挙から，二大政党両党は似たような原則の適用を目指すようになった。重複立候補・復活当選に対しては，（小選挙区で否定された候補を当選させることでもあるので）批判と疑問があったため，辞退する候補者もいたが，重複立候補は政党としては望ましいといえる。党としては比例単独の公認は貴重な「財産」に当たる。楽勝公認を受けた候補者は選挙運動などしなくても，党の力で当選できる。候補者から党利になる見返りがなければ，楽勝公認を与えるのは財産の無駄遣いに当たる。よって，楽勝公認は，党と候補者の間の交渉で決められる。逆に，同一順位の重複立候補の候補者は，小選挙区の候補者と同様に，努力しなければ当選できない。自力で小選挙区を勝てない候補者は，それでも得票を最大化しなければならないし，党の比例票を多くできれば，復活当選のための議席が増えるので，候補者の当選確率を高めることにもなる。よって，重複立候補を多くし，楽勝公認を抑えるべきであることが分かった。

　表4-1に見るように，民主党は自民党より早く原則に近づいた。自民党は楽勝公認をなくそうとしたが，結局，2003年総選挙まで比例当選者の半分以上は楽勝公認であった。特に2000年総選挙では，新進党解体後の復党を望んだ候補者が多く，復党者と1996年総選挙の公認候補者の調整が難航して，自民党がどちらかを比例に回すために比例の楽勝公認を約束した。しかし，楽勝と思われた順位でも落選した候補者が多く，楽勝公認を当選者で割ると，100％以上になった。2005年総選挙で初めて半数を割ったが，2009年総選挙でも2割も残存した。民主党の楽勝公認は，最初から半分以下であり，2003年総選挙から1割を切って，2009年総選挙で目指したゼロに達した。

表 4-1　公認分類別の比例区の議席

	自民党			民主党		
	楽勝	同順位	n	楽勝	同順位	n
1996	57.1%	42.9%	70	41.2%	61.8%	34
2000	112.7%	10.7%	56	43.5%	60.9%	46
2003	53.6%	46.4%	69	9.7%	94.0%	72
2005	46.1%	60.5%	76	3.3%	96.7%	60
2009	20.0%	80.0%	55	0.0%	48.3%	87

注）合計が100%にならないのは，当初は楽勝と思われたものの落選することがある場合や，落選確実と思われた公認でも当選することがあるからである。

　同順位の当選者を100%にする目標においても，自民党が遅れた。当選者のうち同順位候補者が占める割合は，2003年総選挙から順調に増加する傾向を見せたが，2009年総選挙では8割しか達成できなかった。逆に民主党は当初の6割から2003年総選挙以降では9割以上になった。2009年総選挙の48%という数値は，圧勝により，落選するはずの参加公認候補者が当選してしまったことによる。

　実は，小選挙区の理想である，1人だけ公認するという目標にも，民主党が自民党より早く達成した（Reed 2011A）。民主党の公認戦略は自民党より適切であったが，それでも選挙では負け続けた。その理由は，有力な候補者が自民党より少なかったからである。自民党は同じ小選挙区から立候補を目指す候補者が多く，調整が難航したため，多様な工夫をしなければならなかった。その工夫の多くは，楽勝公認を利用したものであった。自民党が2009年総選挙まで勝ってきたのは，戦略よりも候補者に負うものであった。民主党は逆に有力候補者が少なく，小選挙区の調整には問題が少なかったが，弱い候補者が多かった。

3．楽勝公認の使い道

　民主党は楽勝公認を解消したので，楽勝公認を分析できるのは自民党の場合のみである。分析においては，最初に小選挙区と比例代表の公認についての考え方にそれぞれ基づくものに大きく分けることにする。前者は，小選挙区の問題を解決するために党の財産である比例の楽勝公認を利用することであり，後者は，党の支持率を反映する比例票を高めるための公認とする。表4-2はその分析結果である。小選挙区，比例代表の順に分析する。

　自民党が小選挙区で公認する際の問題は，特定の小選挙区に複数の候補者が出馬を望む場合が多いことである。中選挙区時代には候補者の財産は地盤であった。その地盤は，政党よりも候補者個人を支持する後援会によって組織された。中選挙区から小選挙区に再編成されてから，候補者は自分の地盤が最も集中している小選挙区の公認を望んだ。自民党が公認しなければ，これらの候補者たちは無所属で出馬したり，別の政党の公認で出馬したりしてしまうの

表4-2　自民党の楽勝公認の使い道　　　（単位：％）

	1996	2000	2003	2005	2009
地盤離れ	60.0	41.0	35.1	17.1	18.2
コスタリカ	25.0	24.6	37.8	25.7	36.4
強い相手	5.0	3.3	10.8	14.3	18.2
選挙協力	0.0	9.8	5.4	2.9	9.1
刺客	0.0	0.0	0.0	28.6	0.0
小選挙区総計	90.0	78.7	89.2	88.6	81.8
グループ代表	7.5	8.2	5.4	9.0	18.2
個人人気	0.0	3.3	0.0	11.4	0.0
その他	2.5	9.8	5.4	0.0	0.0

DiVirgilio and Reed（2011）から作成。

で，保守分裂選挙を避けるための工夫が必要であった。

　最も簡単な工夫は，同じ選挙区からの出馬を目指す2人の候補者のうちの1人に隣の選挙区へ移動してもらうことであった。移動する候補者に地盤を離れることを納得させるために，自民党は比例の楽勝公認を利用した。表4-2で見るように，地盤を離れる見返りの楽勝公認が1996年総選挙で最も多く，それ以降は順調に減ってきた。地盤を離れた候補者は新しい後援会の組織化を成功させたか，それとも落選したか，どちらの場合でも自民党にとっては公認の問題を解決できたことになったからである。2000年総選挙で新進党から復党した候補者との調整の際には，再び移動者が出たし，次に説明するコスタリカ方式の解消にも利用されたが，地盤から離れることに伴う問題はこれからも少なくなると思われる。

　同じ小選挙区を目指す候補者が2人とも移動しない場合，特に両候補者の地盤が強い場合には，別の工夫が必要になった。それはコスタリカ方式であった。最初にA候補者が小選挙区に出馬して，B候補者が比例の楽勝公認をもらう。次回に交代して，B候補者が小選挙区に，A候補者は楽勝の比例公認を受ける仕組みである。コスタリカ方式が2000年総選挙で新進党から復党した候補者の調整に多く使われたが，その後で党本部が減らす努力を重ねた。しかし，両候補者が選挙で強く，現職でもあったため，コスタリカ方式の解消はなかなか進まなかった。自民党が2009年総選挙に惨敗した結果，現職が少なくなったので，今後は解消できるかもしれない。

　自民党の有力候補者の数は勝てそうな選挙区の数を上回ったが，勝てそうもない選挙区もある。小選挙区の論理では，大きい政党は必ず全部の選挙区に候補者を擁立すべきであるが，自民党の伝統は当選第一主義で，誰も負ける選挙に出たがらない。党のために，勝つ見込みのない小選挙区に候補者を出馬させるために，確実に当選する楽勝比例で公認するしかない場合が多い。このために楽勝公認の割合が増える傾向にある。比例公認にこのような使い方があるの

で，単純小選挙区制と比べると，並立制では無風区が少ないと予測できる。

　2000年総選挙から，自民党は公明党と連立を組んだので，選挙協力のために自民党候補者が小選挙区を公明党の候補者に譲る必要が生じた。自民党候補者を説得するために楽勝公認が必要であっただけではなく，楽勝公認でも比例に回ることを断った候補者が少なくなかった。それでも，楽勝公認の財産を使わなければ，連立できなかったことも考えられる。

　2005年総選挙に際して小泉首相は比例公認の権限を確保し，誰も想像できなかった目的に楽勝公認を利用した。総理の持論であった郵政民営化法案に反対した代議士を小選挙区で公認せず，全部の選挙区に郵政民営化に賛成する候補者を公認することを決めた。いわゆる「造反組」に対して「刺客」を送ることであった。しかし，造反組の多くは固い地盤の持ち主であり，多くの刺客に小選挙区の勝算がなかったので，比例の楽勝公認を利用した。当選確実で，小泉改革を訴えるチャンスを餌にして，魅力的な候補者を多く集めて，自民党の圧勝を導いた。この使い方は一回きりになると思われるが，比例公認の力を見せた。

　表4-2に見られるように，楽勝公認の使い道には小選挙区の論理によるものが圧倒的に多い。それは，二大政党にとって，勝負は小選挙区で決まるものであり，優先しなければならないからである。それでも，比例代表の論理によるものはゼロではない。参議院の比例区公認の多くは組織票を狙うグループ代表に使われてきた。参議院の比例区には重複立候補の制度がないので，衆議院に直接当てはめることができないが，例えば，農協の役員を比例に公認すれば，比例区に農協関係者からより多く自民党に入れると思われる。グループ代表の楽勝公認は少ないが，一貫した増減の傾向がなく，今後もなくならないであろう。

候補者に個人的な人気があれば，その人気が党の人気につながることを期待した楽勝公認はたまにある。はっきりした事例は，2005年総選挙の小泉自民党による公認のみである。キャスターの近藤三津枝，新潟県中越地震の際の活躍で有名になった元山古志村長の長島忠美，有名な料理番組に出演していた藤野真紀子，大学教授の猪口邦子をそれぞれブロックの1位で公認した。これらの候補者たちは個人的なカリスマの持ち主で，小泉改革のイメージを代表する存在となったが，2009年総選挙では全員が優遇されたわけではない。近藤，長島両氏は1位の楽勝公認を受けて，当選したが，後の2人は優遇を受けなかった。藤野氏は小選挙区の愛知4区と比例区の同一順位で公認を受けたが，落選して，復活できなかった。猪口氏は楽勝公認を受けられず，出馬を断念したが，2009年の参議院選挙で千葉選挙区から当選して，政界復帰ができた。刺客戦略と同様に，個人人気の使い方も小泉政権の一回きりになる可能性が高いと思われる。

4．参加公認の使い道

　参加公認は当選する可能性が低いので，あまり気を使う必要がないと思われたようである。1996年に自民党が公認争いに負けた候補者をなぐさめるために与えたように見える。年配の現職にとっては退職勧告に近い意味の公認であるが，逆に，期待の若手に与えたこともあった。その後で，党職員が公認される事例が多くなったが，「財産」扱いよりも「自由に使える小口現金」扱いであった。しかし，2005年総選挙で自民党が圧勝したことによって，比例の議席が増えた。楽勝公認候補者全員だけではなく，小選挙区の公認候補者が多く当選したことによって，落選確実とされた参加賞公認候補者も当選した。

　落選する可能性が高いので，気楽に公認した候補者には，「問題児」が含まれていた。最も有名になったのは杉村太蔵氏であった。問題発言を連発し，2009年総選挙では前職であるので，当然公認を受けると思い込み，北海道1区

に出馬すると表明して，公認作業にも問題を起こした。結局，出馬しなかったが，テレビから消えずに，トーク番組によく出演している。

　2009年総選挙の参加公認からは，自民党よりも民主党が学習したかもしれない。参加公認候補者の質向上がうかがえるが，別の問題が浮き彫りになった。それは民主党における参加公認の当選者は造反する者が多かったことである。最も目立つ事例は，2011年2月17日に民主党の衆院議員16人が菅総理の党運営に対する不満によって，岡田幹事長宛てに，衆院の同党会派からの離脱願を提出したことである。この16人には比例で当選した議員だけでなく，参加公認が多く含まれていた。党の力で当選した議員は造反しないはずであるが，この16人は，党の力で当選したと考えているよりも，小沢一郎氏の力で当選したと考えているように見える。

　楽勝公認は党の財産であり，無駄にしないことが望ましい。しかし，楽勝公認を最低限に抑えられれば，そして多くの同一順位の候補者が小選挙区で勝つ場合，党が比例区で獲得した議席は参加公認候補者へ配分されることになる。2005年と2009年のような圧勝でなくても，参加公認をより大事な財産扱いにしなければならなくなると思われる。そして，参加公認を大事に利用できるようになれば，当選した候補者の造反が少なくなると思われる。

5．第三党の比例公認

　二大政党にとって，比例区は小選挙区における問題を解決するための補完的な役割しか果たしていないが，第三党にとっては，逆に小選挙区にはあまり期待できないので，比例区をより大事にしなければならないと思われる。しかし，最初の二回の並立制が用いられた選挙では比例区を無視した第三党が多かった。

　中選挙区制時代には，各候補者は，政党の公認よりも自分の個人後援会を

頼ってきた。中選挙区制時代に作られた後援会は，小選挙区に区割りで分割されたが，それでも十分な地盤が残った候補者もいた。その候補者たちはどの政党の公認を受けようと，自力で当選できた。日本型並立制は，無所属には不利であり，何らかの政党公認が有利であったので，個人後援会を集めて便宜上の政党を形成した。最も典型的な事例は無所属の会であったが，民主党設立後の新党さきがけ，自由党と分裂後の保守党も個人後援会の集まりとしての性質もあった。しかし，比例区の議席を獲得できない，小選挙区依存の第三党は長く続かない。そのうちに，候補者が引退したり，大きい政党に入党したりするので，すぐ消えた現象であった。

並立制で最も成功している第三党は公明党と共産党である。両党は同一順位の公認を殆ど利用せず，二大政党とは逆に，有権者に任せないで，党が比例の当選者を全員決める。それは両党の組織が強く，小選挙区の候補者のために支持者を動員するだけではなく，比例区でも動員できるからである。公明党は比例で20議席程，共産は9議席程度獲得しているので，小選挙区を1つも獲得しなくても，十分並立制でも生き残れる。そして，両党の組織を支えているのが地方議員である。西欧諸国でも第三党は，地方選挙によって組織を育成している。例えば，単純小選挙区制のイギリスは典型的な二大政党制でありながら，第三党である自由党〈現在，自由民主党〉の得票率は70年代後半から20％に達した。議席率は5％までしか獲得できなかったが，党組織が地方議員に支えられたので，国政選挙でも頑張り続けている（Butler and King 1965：98-100）。同様に，右翼政党であるイギリス国民党も国会の議席がゼロでありながら，地方議会で議席を獲得できるので，小選挙区制で生き残っている（Bowyer 2008：612）。

小選挙区制中心の選挙制度では，地方議会に議席を獲得できる第三党しか生き残れないという仮説が，一般論であるかもしれないが，日本では例外的に組織がなくても，比例で議席を多く獲得した政党もある。新進党解体後，保守党

と分裂した後の2000年総選挙の自由党である。自由党で強い後援会を持つ候補者は小沢一郎党首ぐらいであったが，比例区で22議席を獲得した。改革派のイメージなどで比例票を集めたが，2003年総選挙前に民主党と合流したので第三党として生き残れたかどうかがわからない。2009年総選挙のみんなの党は同様に個人後援会が少なく比例票で伸びているが，まだ総選挙が一回しかないので，結論できない。

6. 並立制における比例区

並立制は比例代表を加味した小選挙区制といえる。そうであるならば，比例区の特徴はどこにあるか？ この分析を踏まえると，基本的に2つが見えてくる。

第一の特徴は，二大政党にとって，負ける選挙区でも候補者を擁立できるので，単純小選挙区制の問題点である無風区を減らせること。楽勝公認，場合によって参加公認を利用して，負ける選挙に戦ってくれる候補者を集められることである。単純小選挙区制を採用しているアメリカとイギリスには無風区が多い。アメリカの場合には，党組織が弱く，負ける選挙を戦ってくれる候補者が弱い者しか出てこない問題に悩まされている。特に現職に挑戦してくれる候補者が弱いからこそ，現職の再選率が非常に高い（Stone, Maisel and Maestas 2004）。イギリスは政党組織が強く，若手の候補者を育成するために，負ける選挙をやらせてからしか勝てる選挙区に公認しない。日本の二大政党の組織力が高くなるとイギリス型になる可能性がないわけでもないが，並立制の選挙を五回の経験から判断すれば，まだ負ける選挙を戦ってくれる候補者に楽勝公認を与えなければ，強いものが出てこない可能性が高い。

第二の特徴は，第三党にとって，単純小選挙区制と比べると，並立制の比例区から議席をより多く獲得できることである。イギリス自由党のように，得票率が二割でも，議席率が一割弱になることはないであろう。よって，日本の二大政党制では，第三党がキャスティングボートを持つ可能性がイギリスより高

くなると思われる。イギリスの戦後政治史では，二大政党の１つが過半数を獲得できなかった選挙は二回だけである。2005年と2009年の総選挙では，イギリスの1983年と1997年と同様に，小選挙区制が圧勝をもたらしたが，過半数ギリギリの選挙結果も出る。その場合に，日本の並立制ではどの政党でも過半数を獲得できない選挙がイギリスより多くなると思われる。

並立の特徴がないわけでもないが，比例の役割は小さいといわなければならない。一方，小選挙区制は二大政党制を育成するというデュヴェルジェの法則は並立制でも機能している（Reed 2001, 2007）。よって，勝負が小選挙区の結果に左右されるので，二大政党は比例区の公認を小選挙区の公認のために使っている。他方，第三党は単純小選挙区制より多くの議席を獲得できるが，生き残る秘訣は変わらない。

参考文献

1. Bowyer, Benjamin "Local Context and Extreme Right Support in England: The British National Party in the 2002 and 2003 Local Elections" *Electoral Studies* 27, 2008, 611-620.
2. Butler. David and Anthony King *The British General Election of 1964* (Macmillan), 1965.
3. Di Virgilio, Aldo and Steven R. Reed, "Nominating Candidates under New Rules in Italy and Japan: You Cannot Bargain with Resources You Do Not Have" in Daniela Giannetti and Bernard Grofman (eds.) *A Natural Experiment on Electoral Law Reform: Evaluating the Long Run Consequences of 1990s Electoral Reform in Italy and Japan* (Springer), 2011.
4. Reed, Steven R. "Duverger's Law is Working in Italy" *Comparative Political Studies* 34, 2001, 312-327.
5. Reed, Steven R. "Duverger's Law is Working in Japan"『選挙研究』22, 2007, 96-106.
6. Reed, Steven R. "Winning Elections in Japan's New Electoral Environment" in Purnendra Jain and Takashi Inoguchi (eds.) *Japanese Politics Today: From Karaoke to Kabuki Democracy* (Palgrave Macmillan 2011), 2011, p. 71-87.
7. Stone, Walter J., L. Sandy Maisel, and Cheri D. Maestas "Quality Counts: Extending the Strategic Politician Model of Incumbent Deterrence" *American Journal of Political Science* 48, 2004, 479-495.

第 5 章
原子力発電をめぐる態度変化とその規定要因

安 野 智 子

1. 政治的洗練度と世論過程

　民主主義 (democracy) という制度および概念は, 政治理論的にはとても複雑なものであり,「政治的主権が人民にあること」を共通項としながらも, さまざまな類型が存在する (民主主義概念の類型については, 川出・谷口, 2012を参照)。たとえば議院内閣制か大統領制かといった政治体制や, 言論や政治活動の自由の状況などは, 国によって大きな違いが存在しており, 政治的な権利や自由に制約がある国, 事実上の独裁体制を敷いている国も多い。ただし近代の多くの民主主義国家では, 議会制民主主義 (あるいは代議制民主主義: representative democracy) のもとで, 主に多数決による決定が念頭に置かれてきたといえるだろう (レビューとして Dryzek, 2004; 制度の比較については Lijphart, 1999)。このような制度の下では, 有権者個々人の意見や利害は, 投票のような集約 (aggregation) システムによって間接的に反映される。

　しかし, 個々の有権者が政治や公共の問題を理解し, コミットしているとは必ずしもいえないのが現状である。たとえば有権者の政治関心や政治知識の水準は一般に高くないことが知られており (Converse, 1964; Delli Carpini and Ketter, 1996), 投票率の低下も問題になっている (e.g., Putnam, 2000; 三船, 2005)。民主主義の主役たる市民が必ずしも政治に関心を持たず, 知識もない現状を, Neuman (1986) は「大衆政治のパラドックス」と呼んだ。現代社会

における有権者が，そもそも民主主義の前提—知識，関心，理性的な判断，積極的な関与など—を満たしているのかという問題は，ながらく論争となってきた（e.g., Campbell, Converse, Miller and Stokes, 1960；Nie, Verba and Petrocik, 1977；Smith, 1989）。

　有権者の判断が必ずしも信頼に足るものではないことを指摘したものとして，Converse（1964）による有名な研究がある。Converseは1956年から2年ごとにパネル調査を3回実施し，調査時点間の回答者の意見の相関が低いこと，また，同じ調査の中でも争点態度間にイデオロギー的一貫性がみられないことを指摘し，「大部分の一般市民はイデオロギー的に無知であり，その政治的思考の一貫性，安定性は最小限である」と結論づけた。

　事実，パネル調査データを分析すると，同一回答者の回答が一致していないことは珍しくない。安野（2011）は，選挙調査プロジェクト・JES[1]のうち，第1回調査（2001年7月）と第4回調査（2003年10-11月）の回答を用いて個人の意見の安定性を検証した。(1)「福祉の充実と税負担の軽減のどちらを優先すべきか」(2)「現在の憲法を改正すべきか，維持すべきか」という設問に対する同一回答者の意見について，2001年7月時点と2003年10-11月時点でクロス集計をとったところ，2回の調査で同一個人の賛否が一致した率は約5割～6割前後であった。2つの調査には2年の間隔があるので，その間に意見が変わっても不思議はないが，全体の分布に顕著な差がみられない一方で，個人の意見には動きがあるというのは，継続調査ではしばしばみられる現象である。

1.1　世論の安定性

　回答者の意見が調査のたびに変動しているというConverseの知見は，有権者の判断が（投票であれ世論調査への回答であれ）信頼できるものとはいえないかもしれないという疑念を抱かせる。これに対してAchen（1975）は，曖昧な質問によって測定エラーが生じたために，回答の一貫性が低くなったのではないかと指摘した。項目の信頼性の低さによるエラーを除くと，調査時点ごとの同一回答者の回答の相関は高くなったという。こうした測定エラーの影響を取

り除くため，世論の安定性は個人ではなく全体としてみるべきだという議論もある。Page and Shapiro（1992）は，個人の意見の測定にみられるようなランダムな測定エラーは集計によって相殺されるので，全体としてみれば世論は安定し，一貫性があることを指摘した。たしかに人々の回答の揺れの原因の一部は，おそらく測定エラーに起因すると考えられるが，変動のすべてが測定エラーによるものとも考えにくい（Saris and Sniderman, 2004）。Feldman（1989）が報告しているように，政治知識のある人ほど，意見の一貫性が高いからである。

　Converseの議論に対しては，人々の意見が不安定でもそれ自体を問題視する必要はない，という反論も可能である。次のような2つの理由により，そもそも有権者の争点態度は状況に応じて変動するものだと考えられるからである。第一に，有権者が持つ知識や認知構造が変化すれば，態度も当然変わりうる。池田らは，パネル調査の自由回答を分析し，政党や政治家に関するスキーマ（認知構造）が政治状況に応じて変化することを明らかにした（池田，1997；稲増・池田，2007）。第二に，スキーマを構成する認知要素は多様なので，質問の仕方で取り出される情報は変わってしまう可能性がある。たとえば，総論としてのアファーマティブアクション（差別是正策）に賛成しても，現実の適用（たとえば大学入学の人種枠制限）については必ずしも賛成していないような場合，尋ね方によって回答が変わってしまう（Sniderman and Piazza, 1993）。世論調査では，質問文や選択肢によって回答の分布が変わってしまうことが知られているが，それは，世論調査に「回答者がすでに持っている態度を報告する」というよりも「聞かれた質問にその場で答える（その場で態度を形成する）」という側面があるからだとも考えられる（Tourangeau and Rasinski, 1988）。

　これに関連した議論に，Zaller（1992）のRAS（receive-accept-sample）モデルがある。Zallerは，そもそも調査で測定すべき「真の（争点）態度」というようなものがあるのではなく，回答者があらかじめ持っている政治的傾性（価値観や知識など）のうち，回答時点で顕在化した部分が「意見」として表明されるのではないかと考えた。RAS（receive-accept-sample）モデルとは，「接し

た（receive）情報の中から，どれを受け入れるか（accept），また意見表明の段階でどの情報がサンプリングされるか（sample）によって有権者の政治的意見が決まる」というものである。Zaller によれば，どの部分が顕在化するかは，回答者が接した情報（たとえばマスメディア報道や政治的エリートの言説），そうした政治的情報への接しやすさ（政治的関心），すでに保持している情報や知識の多さなどに左右されるという。たとえば，政治的関心が高い層の方がメディア報道やエリートの言説に多く接しやすいが，すでに態度形成に十分な情報も持っているので，新しい情報に接しても態度は変わりにくい。逆に政治関心が低い場合も，新しい情報に接触しにくいので態度変化も少ない。つまりメディア・キャンペーンの影響を受けやすいのは，関心が中程度の層である可能性が高いと考えられる。

Zaller の議論に従えば，態度形成に十分な情報を持ち，熟慮した争点については，政治的関心が低い層であっても争点態度の安定性は高いと予測することができる。具体的には，身近な問題や中核的な価値観（core values）と結びつけやすい争点などである。たとえばアメリカにおいては，妊娠中絶への賛否や同性愛者の権利などは「判断がやさしい争点（easy issues）」であり，理解や判断に知識を要する「難しい争点（hard issues）」と違って，政治的洗練度による違いが小さいことが見出されている（Alvarez and Brehm, 2002；Carmines and Stimson, 1980）。

1.2 イデオロギー的一貫性

有権者の合理性に関して，Converse（1964）が指摘したもう1つの重要な問題は，「人々がイデオロギー的思考を必ずしもしていない」ということである。もっとも，保守—革新という単一のイデオロギー軸を参照した判断をする方が特殊といえるかもしれない。たとえば，Treier and Hillygus（2009）は，有権者の争点態度が単一のイデオロギー軸というより多次元構造をなしていることを報告している。また，Lupton, Myers and Thornton（2015）によれば，一般の人々のイデオロギー軸は多次元構造であるのに対し，政治的エリートで

は一次元構造になるという。Jennings（1992）もまた，政治的エリートの争点態度は，大衆に比べて，伝統的なイデオロギー軸に対応していることを見い出している。日本においては蒲島・竹中（2012）が，代議士のイデオロギー軸では一般有権者のそれよりも保革の対立が明確であり，イデオロギーの安定性も高いことを指摘している。これらの知見は，政治的洗練度が高まることによって，複数の争点態度が一次元のイデオロギー空間に対応づけられることを意味している。

ただし，少なくとも日本においては，そもそも保革のイデオロギーが意味するものが時代や文化，世代によって異なることには注意しなくてはならない（Endo and Jou, 2014；蒲島・竹中，2012）。Endo and Jou は，（2014年時点で）50歳代以上と40歳代以下では，「革新―保守」の軸の解釈が異なっていることを指摘している。各政党の位置を革新―保守の軸上に対応させたとき，50歳代以上では「革新」の極に日本共産党が位置づけられたのに対し，40歳代以下では日本維新の会が「革新」と位置づけられていたという（Endo and Jou, 2014，なお「左右」の軸であれば，「左」に共産党が位置づけられていた）。これはおそらく，現代の日本人にとって「保守」の意味が「保守的イデオロギー」ではなく単なる「現状維持」と理解されている（阿部・新藤・川人，1990）ことを反映していると考えられる。たとえば，「大きな政府か小さな政府か」という再分配政策への態度は，一般には保革のイデオロギーに対応しているとみなされるが，日本ではイデオロギー自己定位と大きな政府／小さな政府志向との関連は薄く，イデオロギー自己定位と関連がみられたのは，むしろ夫婦別姓への意見のような伝統的価値観への考え方の方であった（安野・池田，2002）。

2．本章の仮説と取り上げる争点

以上の議論に基づき，本章では，次の２つの仮説を検証する。
仮説１：熟慮された政治的争点に対する態度の安定性は，熟慮されていない争点に比べ，政治的洗練度の影響を受けにくい。つまり，政治的洗練度

が低い人でも，熟慮された政治的争点では態度の安定性が高くなる。
仮説2：政治的洗練度が高い人は，政治的洗練度が低い人と比較して，争点態度とイデオロギー自己定位の相関が高くなる。

　仮説の検証にあたって，本章で「熟慮された争点」の例として取り上げるものは，「原子力発電に対する態度」である。原子力発電の争点が多くの有権者に熟慮されていると想定した理由は，本章で用いた調査データの実施時期が，福島第一原子力発電所事故の1年後であったことによる。

　原発に対する態度と比較するため，仮説1では，福祉か増税か，公務員数の削減，TPPなどの争点を取り上げた。仮説2では，イデオロギー自己定位との相関を見る争点として，「外国人参政権に対する態度」の規定要因を検討する。

2.1　政治的争点としての原子力発電

　福島第一原子力発電所事故の経緯は以下の通りである。2011年3月11日，東北地方の太平洋沖を震源とするマグニチュード9といわれる大地震が東日本を襲った。震源地が沖合だったため，東北地方の太平洋沿岸は津波によって壊滅的な被害を受けた。さらにこの地震と津波によって，東京電力福島第一原子力発電所（福島県双葉郡）が電源を喪失，冷却機能を失って第1〜第3号炉でメルトダウン（炉心溶融）が起き，チェルノブイリ以来の大規模な原子力災害を引き起こした。大量の放射性物質が広範囲に放出され，現在もその影響は続いている。事故当初，政府と東京電力は事故の重大性を否定していたが，結局，国際原子力事故評価尺度（INES）で「最も深刻」にあたるレベル「7」に相当すると判断された。この事故は，原子力災害の恐ろしさを改めて知らしめると同時に，「原発は安全」と主張してきた政府や電力会社に対する疑念を人々に抱かせることになった。

　従来，原子力は，化石燃料資源に乏しい日本において有力な発電方法とみなされてきた。日本の原子力発電は，1966年に営業運転が開始されて以降，オイルショックと高度経済成長を契機にシェアを伸ばし，2010年には発電量の

29％，約3割を担っていた（電気事業連合会「原子力・エネルギー図面集」http://www.fepc.or.jp/library/pamphlet/zumenshu/pdf/all.pdf 2015年11月8日確認）。原子力発電所や関連施設は，電源三法交付金や雇用という観点からみれば，立地自治体にとっても重要な産業であり，かつ近年では，地球温暖化をもたらすとされる二酸化炭素（CO_2）を排出しない「クリーンエネルギー」としての側面がアピールされていた。

　こうした背景もあり，日本の世論は，1995年12月のもんじゅナトリウム漏洩事故や1999年9月に起きた東海村JCO臨界事故など，いくつかの原子力事故を経験しながらも，東日本大震災までは比較的原子力発電に肯定的であった。それが福島第一原子力発電所事故を契機に一転，否定的な意見が大幅に増加した。原子力安全システム研究所（INSS）の継続世論調査によれば，2010年10月には原子力発電について「利用するのがよい」という回答は20％，「利用もやむを得ない」が67％であったのに対し，2011年7月の調査では「利用するのがよい」6％，「利用もやむを得ない」51％に落ち込んでいる。「原子力発電施設の今後の建設」についてみると，2010年に「反対」7％，「どちらかといえば反対」20％であったものが，2011年には「反対」30％，「どちらかといえば反対」29％と，否定的な意見が増加した（INSSの継続調査結果について，詳細は北田2013を参照）。その後も，肯定方向に大きく戻ってはいない。

　なお，2012年8月には，政府が原子力発電を含むエネルギー政策に関する討論型世論調査を実施している（実施はエネルギー・環境の選択肢に関する討論型世論調査実行委員会2012）。ここでも最初の世論調査（RDD法により抽出，N＝6849）の時点で，全体の3割（32.6％）が「原発ゼロ」を支持していた。（なお，このうち討論参加に同意した285名に資料を送り，後日討論型世論調査を実施したところ，「原発ゼロ」の支持者は討論前の段階では41.1％，討論後に46.7％まで高まったという。）

　原発事故の余波が続いていた2012年時点では，このように世論が原発慎重論に傾いていたこともあり，どの政党も積極的に原子力発電を支持するような政策を打ち出していたわけではない。しかし日本では，反原発の動きが反核（兵器）運動と結びつき，原発推進の動きが経済重視，核技術の保持重視と結びつ

いていたように（烏谷 2015），原子力政策への態度はもともとイデオロギーに関連づけられることが多かった。そのため一般には，イデオロギー的に「保守」あるいは「右」は「原発推進」，「革新」あるいは「左」は「原発反対」に結びついていると考えられる。2012年12月16日の衆院選直後に実施された，東京大学谷口研究室・朝日新聞共同政治家調査データ（UTAS）[2]によれば，「定期検査で停止中の電子力発電所の運転再開はやむを得ない」という意見への賛否を政治家にたずねたところ，公認・所属政党が自民＞公明≒民主＞維新＞みんなの党＞未来の党≒社民党≒共産党の順で「賛成」の傾向が強かった[3]。

なお，同じ設問を有権者に対してたずねた有権者調査[4]では，原発の運転再開に「賛成」10.4％，「どちらかといえば賛成」24.1％，「どちらともいえない」27.0％，「どちらかといえば反対」19.2％，「反対」16.7％，「無回答」2.6％となっている。

2.2　政治的争点としての外国人参政権

福島第一原発の事故が日本中に衝撃を与え，多くの人々の生活を現実に脅かし，誰もがなんらかの形で考えを深めざるを得なかった原子力発電の問題に比べ，外国人参政権の争点は，少なくとも2012年3月の調査時点において，重要な問題として広く認識されていたとはいいがたい。

日本における外国人参政権の問題は，主に，定住外国人・永住外国人に対する地方参政権付与の是非を問うものになっている。現行法でも，帰化した外国人には参政権が与えられるが，母国の籍を保持したまま日本の参政権を持つことができるかどうかについては，またあるいはどのレベルの参政権までが認められるべきかについては，憲法学研究者の間でも意見が分かれるところであり，主要な学説として①全面要請説，②全面許容説，③全面禁止説，の3つがあげられる（吉川，2010）。日本で特に問題になるのは，特別永住者の人口が多い在日韓国・朝鮮人および近年人口が増えている中国人への参政権である。在日韓国・朝鮮人への参政権については，歴史的な経緯から，またかつては母国の選挙権も認められていなかったことから，日本国内の参政権を認めるよう求

める声も多い。しかし，彼ら自身の中にも民族的アイデンティティを重視する声があること，また，韓国が2012年に在外韓国人（在日韓国人を含む）に本国での選挙権を認めたこともあって，問題はやや複雑である。

　法律的な議論を横に置けば，外国人の権利を認める態度は，一般的にはリベラリズムの平等主義と結びつく。日本の国会では過去に，民主党・共産党などが中心となって過去に何度か法案が提出されてきたが，自民党を中心とした反対もあり，いずれも廃案となっている。2012年12月（前述）の東京大学谷口研究室・朝日新聞共同政治家調査データ（UTAS）では，「外国人参政権を認めるべきだ」という意見への賛否を候補者にたずねたところ，公認・所属政党が共産≒社民≒公明＞民主≒未来＞維新＞自民≒みんなの党の順で「賛成」意見が強くなっていた[5]。

　なお，同様に有権者調査では，外国人参政権に「賛成」13.1％，「どちらかといえば賛成」27.3％，「どちらともいえない」32.7％，「どちらかといえば反対」10.7％，「反対」13.6％，「無回答」2.6％という結果が得られている。質問文と調査時期・方法が異なるので単純な比較はできないが，2010年1月16～17日に朝日新聞が行った電話調査（RDD法）では，「永住外国人に地方選挙で投票する権利を与えること」に「賛成」という回答は60％，「反対」は29％であったという（朝日新聞2010年1月19日）。

　このように，これら2つの争点は，いずれもイデオロギーとの関連がみられるものである。しかし，原発に関する争点が一般の有権者の生活において身近なものであり，直近に起きた大きな事故によって熟慮が促されていたのに対し，外国人参政権は多くの有権者にとっては原発問題ほど身近なものではなかったと考えられる。本章では，こうした争点の特性が，政治的洗練度と争点態度の安定性およびイデオロギー的思考にどのような影響を及ぼしたかについて，1年間の間隔を置いたウェブパネル調査で検証する。

3．調査方法

以上の問題意識に基づき，本章では，ウェブモニタ調査を行った[6]。態度の安定性と，態度変化に及ぼす要因を検証するため，最終的に600名以上の回答を得ることを目標として，約1年間の間隔を置いた2回のパネル調査として計画した。

3.1　第1波（2012年3月）

2012年3月，インターネット調査会社（クロスマーケティング社）の全国モニタを母集団として，居住地域・年齢で層化して無作為抽出し，1,600名の回答を目標として調査を行った。対象年齢は20歳〜69歳である。なお，回答に不自然な連続がみられた回答者，および同一調査票内で，ほぼ同一の内容の質問に真逆の回答をした回答者についてクリーニングを行い，最終的なサンプル数は1,598となった[7]。

3.2　第2波（2013年2月）

2013年2月，第1回の調査を完了した1,598人を対象に実施した。予備サンプルも含め702票の回収を得たが，そのうち第1波と同様の基準で，不自然な回答がみられたサンプル（N＝2）を除外した。以下の分析は，2回の調査を完了した700人を対象に行う。

3.3　サンプルの構成

最終サンプルとなった700人の年齢・性別の構成は表5-1に示すとおりである。なお，地域別にみると，北海道43人，東北50人，関東190人，中部131人，近畿128人，中国53人，四国33人，九州・沖縄72人であった。東北地方居住者が少ないのは，第1波の調査時点で，東日本大震災の深刻な被災地域が除外されたことを反映している。ウェブモニタ調査であることも含め，本調査のサン

プルは，代表性という点で限界があることは注意しなくてはならない。

表5-1　回答者の年齢・性別構成

		20代	30代	40代	50代	60代	計
男性	n	33	59	83	108	133	416
	%	4.7%	8.4%	11.9%	15.4%	19.0%	59.4%
女性	n	21	41	59	68	95	284
	%	3.0%	5.9%	8.4%	9.7%	13.6%	40.6%
	N	54	100	142	176	228	700
	%	7.7%	14.3%	20.3%	25.1%	32.6%	100.0%

3.4　政治的知識の測定

　第1波調査では，政治的洗練度の指標として，次の5項目で政治的知識を測定した。項目の選定にあたっては，主に学校教育で獲得される制度的な知識，マスメディア報道への接触で獲得される政治家や現在の政治争点に関する知識が含まれるよう考慮した。

(1) 日本において，国の予算を国会に提出する権利を持つのはどこだと思いますか。（選択肢は　1．内閣＝正解，2．財務省，3．与党税制調査会，4．衆議院予算委員会，5．わからない・忘れた）

(2) 衆議院で可決された法案が参議院で否決された場合，衆議院で再審議されることになります。衆議院で再び可決して，法案を成立させるためには，衆議院出席議員のうち，どのくらいの割合の賛成が必要になるかご存じですか。（選択肢は　1．3分の1，2．過半数，3．3分の2＝正解，4．4分の3，5．わからない・忘れた）

(3) 現在（注：2012年3月）の日本の外務大臣は誰か，ご存じですか。（選択肢は　1．岡田 克也，2．玄葉 光一郎＝正解，3．前原 誠司，4．安住 淳，5．わからない・忘れた）

(4) 現在（注：2012年3月）の中国（中華人民共和国）国家主席の名前をご存じですか。（選択肢は，1．温家宝　2．李明博　3．習近平　4．胡錦濤＝正

解　5．わからない・忘れた）

(5) 現在，日本と中国間で，尖閣諸島（中国名：釣魚島）の領有権をめぐる論争が行われています。尖閣諸島の位置はどのあたりでしょうか。（地図上に5つの地点を番号で示し，その中から選択）

以上5項目の正解者数と正解率は表5-2の通りである。次に，これら5項目の正解数を単純加算して，政治的知識得点を作成した。その分布は，0点93人（13.3％），1点125人（17.9％），2点139人（19.9％），3点132人（18.9％），4点122人（17.4％），5点89人（12.7％）であった。さらに，この得点により，回答者を政治知識の多い群（3点以上：N＝343），少ない群（2点以下＝357）の2つに分けた。以降の分析は，この2群に分けて行う。

表 5-2　政治的知識設問の正解率（N＝700）

	正解	正解者数	正解率
国の予算を国会に提出する権利を持つのは	内閣府	301人	43.0％
参院で否決された法案が，衆院で再可決されるのに必要な賛成	3分の2	329人	47.0％
現在（第1波調査時）の日本の外務大臣	玄葉光一郎	398人	56.9％
現在（第1波調査時）の中国の国家主席	胡錦濤	309人	44.1％
尖閣諸島の位置	地図から選択	395人	56.4％

3.5　争点態度の測定

本章のウェブモニタ調査では，原子力発電および外国人参政権の争点について，次のような質問で回答者の態度をたずねている。

(1) 原子力発電に対する態度：「原子力発電について，次のA, Bのような意見があります。
　A．資源に乏しく，火力発電の燃料を輸入に頼らざるを得ない日本では，原子力発電は，今なお必要な技術である。安全性を高めつつ，今後も原発を利用していくべきである。

B．地震の多い日本では，原子力発電は，事故が起きたときの被害が大きすぎる。できるだけ速やかに減らし，将来的には全廃することが望ましい。あなたのご意見はどちらに近いですか。」（選択肢は 1．A に近い〜 4．B に近いの 4 段階）

(2)　外国人参政権に対する態度：「ここ数年，日本に永住する外国人に地方参政権（地方自治体の選挙における選挙権や被選挙権）を認めるかどうかが議論されています。この問題についておたずねします。」
「あなたご自身は，永住外国人に参政権を認めることについてどのようにお考えですか。」（選択肢は 1．強く賛成〜 6．強く反対　の 6 段階）

　なお，原子力発電の争点と外国人参政権に対する態度は，それぞれ 4 段階，6 段階と，異なる尺度でたずねてしまっている。そのため，相関関係の単純な比較には問題もあることをここで述べておかなくてはならない。

　ウェブモニタ調査ではその他，複数の争点について回答者の態度をたずねている。上記 2 点の争点と比較するため，第 1 波・第 2 波両方でたずねている争点の中から，比較のため，次の争点についても態度の安定性をみることにした。
(1)　公務員数の削減（1．賛成〜 4．反対，の 4 段階）
(2)　関税の原則撤廃を目指す環太平洋経済連携協定（TPP）に，日本が参加すること（1．賛成〜 4．反対，の 4 段階）
(3)　福祉か増税か（A．増税をしてでも，福祉などの公共サービスを充実させるべきである，B．福祉などの公共サービスが低下しても，税負担を軽減すべきである，どちらに近いかを 4 段階で回答）
(4)　地方への補助金（A．競争力の弱い地域を助けるためには，国が補助金などを配分するのは当然である，B．補助金などを減らして，地方の自由な競争による活力のある社会を目指すべきである，どちらに近いかを 4 段階で回答）
(5)　憲法改正（A．今の憲法は時代に合わなくなっているので，早い時期に改憲した

方がよい，B．今の憲法は大筋として立派な憲法であるから，現在は改憲しない方がよい，どちらに近いかを4段階で回答）
(6) 税金の負担（A．収入や資産が多いほど多く課税されるような，所得税や固定資産税などの割合を多くするのが望ましい，B．国民に広く薄く課税する，消費税などの割合を多くするのが望ましい，どちらに近いかを4段階で回答）
(7) 集団的自衛権（A．日米安保体制を強化するためには，集団的自衛権の行使を認めるべきである，B．国際紛争に巻き込まれることになるので，集団的自衛権の行使を認めるべきではない，どちらに近いかを4段階で回答）
(8) 個人と社会（A．個人の利益よりも国民全体の利益を大切にすべきだ，B．国民全体の利益よりも個人個人の利益を大切にすべきだ，どちらに近いかを4段階で回答）
(9) テクノクラート（A．政治や社会の問題は，できるだけ国民全員で考え，国民の意見を反映させながら，解決していくのが望ましい，B．政治や社会の問題は，専門知識のある人にまかせておくのが望ましい）
(10) 政党への感情温度（自民党，民主党，公明党，共産党に対する態度を0〜100点で評価。点が高いほど好意的であることを意味する）
(11) 保革イデオロギー自己定位（0を「革新的」，10を「保守的」として11段階で評価）

4．仮説1
―― 政治的洗練度と争点態度の安定性 ――

　仮説1「熟慮された政治的争点に対する態度の安定性は，熟慮されていない争点に比べ，政治的洗練度の影響を受けにくい。つまり，政治的洗練度が低い人でも，熟慮された政治的争点では態度の安定性が高くなる」を検証するにあたって，2つの争点への関心を比較しておこう。第1波・第2波の両方に回答が得られた700人において，福島第一原発事故および外国人参政権への関心の回答分布（第1波）は次の通りであった。まず原発事故については「関心がある」61.6％，「どちらかといえば関心がある」31.3％，「あまり関心がない」

6.0%,「まったく関心はない」1.1%となっていた。これに対して外国人参政権では「非常に関心がある」12.6%,「どちらかといえば関心がある」37.0%,「あまり関心はない」41.6%,「まったく関心はない」8.9%であった。原発については,争点としてではなく「事故に関心があるか」という質問をしてしまっているが,原発問題に対する関心の高さが確認されたと考えて良いであろう。これに対して外国人参政権への関心は,原発ほどには高くない。

　原子力発電の争点および外国人参政権の争点について,第1波(2012年3月)・第2波(2013年2月)の回答を示したものが表5-3,表5-4である。(同様に2回の調査の両方に回答が得られた700名を対象。) 2つの表を見ると,強い意見(外国人参政権では「強く反対」)を持つ人は,2回とも同じ回答をしている人が多いものの,約1年の間隔を置いて,半数近くの人では態度の変動が見られる。ただし,正反対の方向への変化は非常に少なく,ある程度の安定性が見られるといって良いだろう。

表5-3　「原子力発電を,A.今後も利用,B.将来的に全廃」
第1波・第2波のクロス集計

	2013年2月	Aに近い	どちらかといえばA	どちらかといえばB	Bに近い	
2012年3月	Aに近い	62	18	6	10	96
		64.6%	18.8%	6.2%	10.4%	100.0%
	どちらかといえばAに近い	41	79	41	10	171
		24.0%	46.2%	24.0%	5.8%	100.0%
	どちらかといえばBに近い	12	44	92	49	197
		6.1%	22.3%	46.7%	24.9%	100.0%
	Bに近い	7	13	51	165	236
		3.0%	5.5%	21.6%	69.9%	100.0%
	N	122	154	190	234	700
	%	17.4%	22.0%	27.1%	33.4%	100.0%

表 5-4 「永住外国人に地方参政権を認めることに対する意見」
第 1 波・第 2 波のクロス集計

		2013年2月 強く賛成	賛成	どちらかといえば賛成	どちらかといえば反対	反対	強く反対	
2012年3月	強く賛成	4	4	3	2	1	3	17
		23.5%	23.5%	17.6%	11.8%	5.9%	17.6%	100.0%
	賛成	8	46	37	7	5	4	107
		7.5%	43.0%	34.6%	6.5%	4.7%	3.7%	100.0%
	どちらかといえば賛成	3	40	145	40	17	5	250
		1.2%	16.0%	58.0%	16.0%	6.8%	2.0%	100.0%
	どちらかといえば反対	2	6	51	66	18	18	161
		1.2%	3.7%	31.7%	41.0%	11.2%	11.2%	100.0%
	反対	1	0	9	12	22	13	57
		1.8%	0.0%	15.8%	21.1%	38.6%	22.8%	100.0%
	強く反対	3	0	6	2	12	85	108
		2.8%	0.0%	5.6%	1.9%	11.1%	78.7%	100.0%
	N	21	96	251	129	75	128	700
	%	3.0%	13.7%	35.9%	18.4%	10.7%	18.3%	100.0%

　次に，これら 2 つの争点に加え，その他の争点も含めて，2 回の調査時点での相関係数を出した。政治的知識の得点によって回答者を 2 群に分けた結果を表 5-5 に示す。

　原発を今後も利用するか，将来的に全廃するかについては，政治的知識の多い群，少ない群ともに相関係数に大きな差がみられなかったのに対し，外国人参政権への賛否については，政治的知識によって態度の安定性に差がみられた。その他の争点についても全体として，政治的知識の多い群の方が，2 つの調査時点での相関が高く，意見が安定していたことを示唆している。とりわけ集団的自衛権や保革イデオロギー自己定位などについては，両者で比較的大きな違いがみられたといってよい。

　以上の結果は，原発に関する態度の安定性は，他の政治的争点に比べて，政

治的洗練度による違いがないことを意味している。つまり，仮説1は支持されたと考えられる。

表5-5 政治的知識別に見た争点態度の相関

	2点以下 N = 357	3点以上 N = 343
原発への賛否	0.637	0.662
外国人参政権への賛否	0.489	0.75
公務員数削減	0.574	0.665
TPP参加	0.549	0.62
道州制導入	0.527	0.644
年金一元化	0.518	0.679
国会議員数削減	0.576	0.626
福祉か増税か	0.47	0.504
地方への補助金	0.356	0.451
憲法改正	0.605	0.74
所得・固資税か消費税か	0.525	0.493
集団的自衛権	0.403	0.67
個人の利益か国民全体の利益か	0.3	0.35
社会の問題国民で判断か専門家か	0.416	0.427
自民党への感情温度*	0.359	0.534
民主党への感情温度*	0.464	0.62
公明党への感情温度*	0.541	0.539
共産党への感情温度*	0.468	0.576
保革イデオロギー*	0.345	0.685

＊はピアソンの積率相関係数 r，他はスピアマンの順位相関係数 ρ

5．仮説2の検証
―― 争点態度とイデオロギー自己定位との関連 ――

次に，仮説2「政治的洗練度が高い人は，政治的洗練度が低い人と比較して，争点態度とイデオロギー自己定位の相関が高くなる」を検証する。仮説2についても同様に，原子力発電と外国人参政権に関する争点を取り上げる。

5.1　原子力発電に対する態度（第2波）を従属変数とする順序ロジット分析

争点態度とイデオロギーとの関連を検証するため，第2波調査における原発への態度（点が高いほど「全廃」支持）を従属変数とする順序ロジット分析を行った[8]。

独立変数は，①第1波時点での回答者自身の原発に対する態度，②第1波時点での世間の人の意見の認知（5点尺度，点が高いほど世論は否定的），③第1波時点でのメディア論調の認知，④会話ネットワーク内の原発不支持率（「日頃よく話す相手」を3人まで挙げてもらい，その人たちについて原発に肯定的か否定的かを推測），⑤保革イデオロギー，⑥民主党感情温度（第1波，調査時は民主党政権であった），⑦自民党感情温度（第1波），⑧テレビニュース接触頻度，⑨新聞ニュース接触頻度，⑩パソコンでインターネットニュースに接触する頻度，⑪性別，⑫年齢，⑬学歴（大卒＝1それ以外＝0のダミー変数）である。

分析の結果（表5-6），政治的知識の少ない層については，(1)第1波時点でメディアが原発に肯定的であるとみなすほど，(2)第1波でイデオロギー自己定位が革新的であるほど，(3)第1波で民主党に好意的な人ほど，第2波時点で「原発全廃」を支持している傾向がみられた。また，弱い効果として，(4)身近な周囲に原発否定派が多いほど，また(5)大学を卒業した人はそれ以外に比べ，第2波時点で原発に否定的であった。

一方，政治的知識の多い層については，(1)第1波時点で世間の意見が原発に肯定的だとみなすほど，また(2)メディアの論調が原発に肯定的だとみなすほ

表 5-6　第 2 波の原発賛否を従属変数とする順序ロジット分析

	政治知識 2 点以下 B	p	政治知識 3 点以上 B	p
原発への意見（第 1 波）	1.624	0.000	1.487	0.000
世間の人の意見（第 1 波）	0.015	0.917	−0.227	0.089
メディアの論調（第 1 波）	−0.348	0.005	−0.225	0.050
会話ネットワーク内原発反対率（第 1 波）	0.479	0.073	0.715	0.011
保革イデオロギー（第 1 波）	−0.129	0.028	−0.141	0.018
民主党感情温度（第 1 波）	0.012	0.014	0.013	0.015
自民党感情温度（第 1 波）	−0.003	0.624	−0.005	0.354
テレビで政治ニュース（第 1 波）	−0.165	0.166	−0.076	0.597
新聞で政治ニュース（第 1 波）	−0.144	0.160	0.003	0.982
PC で政治ニュース（第 1 波）	0.062	0.539	−0.070	0.506
性別	0.201	0.382	0.233	0.383
年齢	0.006	0.535	0.005	0.593
大学卒	0.438	0.057	−0.122	0.605
しきい値 y＝1	0.675		0.183	
y＝2	2.611		2.015	
y＝3	4.594		3.718	
N	357		343	
Cox & Snell pseudo R^2	0.473		0.501	
Nagelkerke pseudo R^2	0.509		0.535	

ど，(3)第 1 波でイデオロギー自己定位が革新的であるほど，(4)第 1 波で民主党に好意的な人ほど，第 2 波で原発全廃を指示する傾向にあった。また弱い効果として(5)身近な周囲に原発否定派が多いほど，第 2 波時点で原発に否定的となっていた。

　以上の結果は，原子力発電への意見については，政治的知識の多い層・少ない層ともに，イデオロギーと関連づけて考えられていることを示している。

5.2 外国人参政権に対する態度（第2波）を従属変数とする順序ロジット分析

次に，外国人参政権に対する態度（第2波）を従属変数とする順序ロジット分析を行った。独立変数は，①第1波時点での回答者自身の外国人参政権に対する態度，②第1波時点での世間の人の意見の認知（5点尺度，点が高いほど世論は反対），③会話ネットワーク内の外国人参政権不支持率，④保革イデオロギー，⑤民主党感情温度（第1波），⑥自民党感情温度（第1波），⑦テレビニュース接触頻度，⑧新聞ニュース接触頻度，⑨パソコンでインターネットニュースに接触する頻度，⑩性別，⑪年齢，⑫学歴（大卒=1それ以外=0のダ

表5-7 外国人参政権への態度（第2波）を従属変数とする順序ロジット分析

	政治知識2点以下 B	p	政治知識3点以上 B	p
外国人参政権への賛否（反対傾向：第1波）	0.902	0.000	1.445	0.000
日本人で外国人参政権に反対の割合(第1波)	−0.02	0.689	−0.067	0.303
会話ネットワーク内参政権反対率（第1波）	0.713	0.048	0.527	0.101
保革イデオロギー（第1波）	0.018	0.745	0.135	0.026
民主党感情温度（第1波）	−0.007	0.15	−0.009	0.066
自民党感情温度（第1波）	0.005	0.351	0.012	0.028
テレビで政治ニュース（第1波）	−0.147	0.194	0.251	0.079
新聞で政治ニュース（第1波）	−0.103	0.287	−0.253	0.023
PCで政治ニュース（第1波）	−0.068	0.478	0.109	0.289
性別	−0.019	0.928	−0.102	0.697
年齢	−0.008	0.384	0.003	0.777
大学卒	0.226	0.294	0.189	0.417
しきい値 y=1	−2.316		1.823	
y=2	−0.183		4.133	
y=3	2.255		6.629	
y=4	3.49		8.075	
y=5	4.321		9.525	
N	357		343	
Cox & Snell pseudo R^2	0.304		0.625	
Nagelkerke pseudo R^2	0.319		0.648	

ミー変数）である。メディア論調の認知と健康被害の認知の変数が含まれていないのは，外国人参政権についてはこれらの項目が調査票に含まれていなかったためである。

分析の結果を表5-7に示す。政治的知識の少ない人では，第1波時点での周囲の意見のみが有意な効果を見せていた。つまり，身近な人が外国人参政権に反対であると認知している人ほど，1年後に，自分自身が外国人参政権に否定的になっていた。

一方，政治的知識の多い人は，第1波の時点で，(1)保守的なイデオロギーを持つほど，(2)自民党に好意的な人ほど，(3)弱い効果ながら民主党に否定的な人ほど，第2回の時点で外国人参政権に否定的になっていた。また，新聞を読まないほど，テレビを見るほど，より否定的になるという傾向も見られた。

以上の結果は，外国人参政権の争点については，政治的洗練度によって，イデオロギーと争点態度の関連が異なることを示している。政治的洗練度が高い人では，争点とイデオロギー自己定位および政党への態度が関連していたのに対し，政治的洗練度が低い人では，イデオロギー的思考は見られていなかった。

以上の結果は，「日常的に熟慮された争点については，政治的洗練度の低い人も，イデオロギーと関連づけて考える」「日常的に熟慮されていない争点については，政治的洗練度の高い人でのみ，イデオロギーとの関連が見られる」ことを意味している。

6．全体的議論

本章では，「熟慮された政治的争点に対する態度の安定性は，熟慮されていない争点に比べ，政治的洗練度の影響を受けにくい。つまり，政治的洗練度が低い人でも，熟慮された政治的争点では態度の安定性が高くなる（仮説1）」「政治的洗練度が高い人は，政治的洗練度が低い人と比較して，争点態度とイデオロギー自己定位の相関が高くなる（仮説2）」という2つの仮説を，ウェ

ブモニタに対するパネル調査により，原子力発電及び外国人参政権という2つの争点について検証した。その結果，原子力発電に対する態度は政治的洗練度（政治的知識）によらず安定性が高く，仮説1は支持された。また，原子力発電に関する態度は，政治的洗練度の程度によらず，イデオロギーと関連づけられているのに対し，外国人参政権については，政治的洗練度の高い層でのみ，イデオロギーと関連づけられているという知見が得られた。つまり，仮説2は部分的に支持されたといえる。

この結果は，態度の安定性やイデオロギー的思考が，有権者の特性というよりも，争点について熟慮した経験があるかどうかで左右される可能性を示唆している。つまり政治的洗練度が高ければイデオロギー的思考をするというよりも，争点について考える経験が，態度の安定性やイデオロギー的思考を促進するということである。言い換えれば，有権者は自分自身にとって重要な争点であれば，政治的エリートと同様の判断を下す可能性が高いともいえる。

もっとも，個々の争点を，政治的イデオロギーの文脈でとらえるべきか，それが望ましいかどうかは別の問題である。有権者によっては，保革のイデオロギーとは異なる軸で争点を評価するほうが自然ということもあるかもしれない。たとえば，本章の2つの争点では，保守的なイデオロギーは「原発賛成」「外国人参政権反対」と関連していたが，リスク回避という観点からみれば，「原発反対」と「外国人参政権反対」が結びつく可能性もある。イデオロギー的思考が何をもたらすかについては今後の検討課題としたい。

1) JES Ⅲ（21世紀初頭の投票行動の全国的・時系列的調査研究，研究代表者：東京大学大学院人文社会系研究科　池田謙一）は，2001年から2005年にわたって，全国の有権者を対象に計9回行われたパネル調査である。本章ではそのうち第1波（2001年7月実施）と第4波（2003年10-11月実施）のデータを使用した。データの使用を許可してくださった池田教授はじめ同研究チームの小林良彰教授（慶應義塾大学），平野浩教授（学習院大学）にはこの場を借りてお礼申し上げます。
2) 東京大学谷口将紀研究室・朝日新聞社共同調査は，2003年より衆参両院選時に実施されている政治家（候補者）・有権者を対象としたアンケート調査であり，下

記サイトでデータが公開されている。貴重なデータの公開に感謝申し上げます。
http://www.masaki.j.u-tokyo.ac.jp/utas/utasindex.html（2015年11月8日確認）
3) 符号はTukey法により有意差が見られたものを示す。なおここでは，該当者数が10人以下の政党および諸派・無所属は分析から除外した。「賛成」を1，「反対」を5とした各党所属候補者の平均値は，自民（298人）2.36，公明（44人）2.82，民主（258人）2.94，維新（157人）3.42，みんな（67人）4.04，未来（108人）4.76，社民（32人）4.97，共産（320人）5.00であった。
4) 全国の有権者から層化二段無作為抽出で3000人に郵送で調査票を送付，有効回答数1900，回収率63.3％。
5) 符号は同じくTukey法により有意差が見られたことを意味している。「賛成」を1，「反対」を5とした各党所属候補者の平均値は，共産（320人）1.04，社民（32人）1.38，公明（45人）1.42，民主（257人）3.02，未来（105人）3.13，維新（159人）4.25，自民（304人）4.67，みんな（67人）4.69であった。
6) この調査は文部科学省科学研究費補助金（課題番号22530678「日本人の中核的価値観：情報環境と信念体系の相互作用」研究代表者：安野智子）の助成を受け，実施された。なお，サンプル数の決定は，予算を考慮して行った。
7) 三浦・小林（2015）によれば，ウェブ調査では半数以上の回答者が設問の指示を読んでいないこと，個々のリッカート尺度設問でも2割程度が内容を読んでいないことが指摘されている。また，設問の読み飛ばし率は，調査会社によっても大きく異なっていたという。これらの知見を踏まえると，本調査の回答にも，除外すべきものがもっとあった可能性があるが，本調査ではそれを検証するための設問が含まれていなかったので，このような対処を行った。
8) 本章で用いたデータはパネルデータであり，第2波のサンプルでは第1波からの欠落が生じている。セレクションバイアスが生じている可能性について，本章では次のような検討を行った。
(1) 第2波完了サンプル（N=700）と第2波欠損サンプル（N=898）との間で，①原発事故への関心，②原発への賛否，③外国人参政権への関心，④外国人参政権への賛否，⑤政治知識，⑦政治関心，⑧保革イデオロギー，の8つの変数について，平均値の差が見られるかどうかを検討した。t検定の結果，5％水準で有意差が見られたのは，外国人参政権への賛否（完了サンプル平均3.65＞欠損サンプル平均3.52），政治知識（完了サンプル平均2.47＞欠損サンプル1.99），政治関心（完了サンプル平均2.92＞欠損サンプル2.72）の3変数であった。
(2) サンプルセレクションバイアスの影響を検討するため，第2波の完了をプロビット回帰で，第2波時点での争点態度をOLS回帰分析で説明するヘックマンの二段階推定を行った(Heckman,1979，具体的な方法については筒井・平井・水落・秋吉・坂本・福田,2011も参照のこと)。第2波の完了に関する一段階目の推定については，最終的に検討したいモデルに含まれる変数を外し，性別・年齢・大卒ダミー・政治関心を独立変数として用いた。

(3) まず,政治知識による分割を行わずにサンプルセレクションバイアスを検討したところ,逆ミルズ比 lambda は有意ではなく,今回のサンプルについてはサンプルセレクションバイアスの影響は大きくないと判断された。さらに,表5-6および表5-7と同様の独立変数(性別・年齢・大卒ダミーを除く)を用いた分析を行っても,逆ミルズ比 lambda は有意ではなく,有意な効果が見られた変数は表5-6および表5-7の順序ロジット分析と大きな違いがなかった。以上のことから,本文中では二段階推定を行わず,年齢・性別・学歴をモデルに含めた順序ロジット回帰分析の結果を示している。
参考までに,ヘックマンの二段階推定を行った結果を下の表に示しておく。

注8　注表1:原発への賛否を従属変数とするヘックマンの二段階推定

	原発への賛否(第2波)			
	政治知識2点以下		政治知識2点以上	
原発への意見(第1波)	0.631***	(12.75)	0.610***	(12.66)
世間の人の意見(第1波)	0.0149	(0.28)	−0.0772	(1.47)
メディアの論調(第1波)	−0.133**	(−2.92)	−0.0948*	(−2.10)
会話ネットワーク内原発反対率(第1波)	0.223*	(2.20)	0.330**	(2.88)
保革イデオロギー(第1波)	−0.0501*	(−2.27)	−0.0547*	(−2.33)
民主党感情温度(第1波)	0.00491**	(2.59)	0.00536**	(2.66)
自民党感情温度(第1波)	−0.000479	(−0.24)	−0.00128	(−0.55)
テレビで政治ニュース(第1波)	−0.0589	(−1.30)	−0.0518	(−0.88)
新聞で政治記事(第1波)	−0.0403	(−1.03)	0.0209	(0.47)
PCで政治ニュース(第1波)	0.0316	(0.84)	−0.0181	(−0.43)
定数	1.672***	(5.63)	1.743***	(5.45)
セレクションバイアス				
性別	−0.364***	(−3.94)	−0.515***	(−4.40)
年齢	0.0328***	(9.03)	0.0369***	(8.87)
大学卒業ダミー	0.167+	(1.81)	−0.0934	(−0.86)
政治関心	−0.0114	(−0.19)	−0.0327	(−0.42)
定数	−1.180***	(−4.86)	−0.934**	(−2.61)
逆ミルズ比　lambda	−0.0291	(−0.19)	0.0153	(0.10)
N	935		663	

$+p < .10$, $*p < .05$, $**p < .01$, $***p < .001$

注8　注表2：外国人参政権への賛否を従属変数とするヘックマンの二段階推定

外国人参政権への賛否（反対傾向：第2波）				
	政治知識2点以下		政治知識2点以上	
外国人参政権への賛否（反対傾向：第1波）	0.462***	(8.58)	0.634***	(13.58)
日本人で外国持参政権に反対の割合（第1波）	−0.0309	(−1.07)	−0.0323	(−1.06)
会話ネットワーク内参政権反対率（第1波）	0.476*	(2.33)	0.370*	(2.46)
保革イデオロギー（第1波）	0.000265	(0.01)	0.0553+	(1.93)
民主党感情温度（第1波）	−0.00344	(−1.26)	−0.00564*	(−2.36)
自民党感情温度（第1波）	0.00180	(0.64)	0.00543*	(2.10)
テレビで政治ニュース（第1波）	0.118+	(1.83)	−0.138*	(−2.03)
新聞で政治記事（第1波）	0.0890	(1.59)	0.0976+	(1.91)
PCで政治ニュース（第1波）	0.00335	(0.06)	−0.0449	(−0.92)
定数	1.624***	(4.67)	1.242***	(3.84)
セレクションバイアス				
性別	−0.364***	(−3.94)	−0.515***	(−4.40)
年齢	0.0328***	(9.03)	0.0369***	(8.87)
大学卒業ダミー	0.167	(1.81)	−0.0934	(−0.86)
政治関心	−0.0114	(−0.19)	−0.0327	(−0.42)
定数	−1.180***	(−4.86)	−0.934**	(−2.61)
逆ミルズ比　lambda	0.0786	(0.37)	−0.0697	(−0.38)
N	935		663	

$^+p < .10$, $^*p < .05$, $^{**}p < .01$, $^{***}p < .001$

参 考 文 献

1. 阿部斉・新藤宗幸・川人貞史『概説 現代日本の政治』東京大学出版会, 1990年。Achen, Christopher. H. "Mass political attitudes and the survey response." *American Political Science Review,* 69：4, 1975, 1218−1231.
2. Alvarez, R. Michael and John Brehm *Hard Choices, Easy Answers.* NJ：Princeton University Press, 2002.
3. Campbell, Angus, Phillip E. Converse, Warrren E. Miler, and Donald E. Stokes *The American Voter.* Chicago：University of Chicago Press, 1960.
4. Carmines, Edward G. and Stimson, James A. "The Two Faces of Issue Voting." *American Political Science Review,* 74：1, 1980, 78−91.
5. Converse, Phillip. E. "The nature of belief systems in mass publics", (In) David E. Apter (Ed.) *Ideology and Discontent,* NY：Free Press, 1964.

6. Delli Carpini, Michael X. and Keeter, Scott. *What Americans know about politics and why it matters*. New Haven：Yale University Press, 1996.
7. Dryzek, John S. "Democratic political theory", (In) Gaus, G. F. and Kukathas, C. (Eds) *Hand book of political theory*, Sage, 2004.
8. Endo, Masahisa and Willy Jou "How Does Age Affect Perceptions of Parties' Ideological Locations?"『選挙研究』第30巻第1号，2014年，96 - 112頁。
9. エネルギー・環境の選択肢に関する討論型世論調査実行委員会「エネルギー・環境の選択肢に関する討論型世論調査調査報告書」，2012. http://www.cas.go.jp/jp/seisaku/npu/kokumingiron/dp/120827_01.pdf
10. Feldman, Stanley "Measuring Issue Preferences: The Problem of Response Instability." *Political Analysis*, 1：1, 1989, 25 - 60.
11. Heckman, James J. "Sample selection as a specification error", *Econometrica*, 47：1, 153 - 161, 1979.
12. 池田謙一『転変する政治のリアリティ』木鐸社，1997年。
13. 稲増一憲・池田謙一「政党スキーマ・小泉内閣スキーマから見る小泉政権」(池田謙一編著『政治のリアリティと社会心理：平成小泉誠二のダイナミックス』木鐸社)，2007年。
14. Jennings, M. Kent "Ideological Thinking Among Mass Publics and Political Elites". *Public Opinion Quarterly*, 56：4, 1992, 419 - 441.
15. 川出良枝・谷口将紀（編）『政治学』東京大学出版会，2012年。
16. Lijphart, Arend *Patterns of Democracy: Government forms and performance in thirty-six countries*. Yale University Press.（日本語訳：粕谷祐子訳『民主主義対民主主義：多数決型とコンセンサス型の36ヶ国比較研究』勁草書房，1999年。）
17. Lupton, Robert. N., Myers, William M. and Thornton, Judd R. "Political Sophistication and the Dimensionality of Elite and Mass Attitudes, 1980 - 2004". *The Journal of Politics*, 77：2, 2015, 368 - 380.
18. 三船毅「投票参加の低下：90年代における衆議院選挙投票率低下の分析」日本政治学会編『年報政治学』2005年第1号，木鐸社．
19. Neuman, W. Russell. *Paradox of Mass Politics: Knowledge and Opinion in the American Electorate*. Cambridge, MA: Harvard University Press, 1986.
20. Nie, Norman H., Sidney Verba, and John Petrocik *The Changing Merican Voter*. Cambridge, MA: Harvard University Press, 1976.
21. Page, Benjamin. I., and Robert Y. Shapiro *The Rational Public: Fifty Years of Trends in American's Policy Preferences*. Chicago: The University of Chicago Press, 1992.
22. Putnam, Robert D. *Bowling alone: The collapse and revival of American Community*. NY: Simon and Schuster, 2000.

23. Saris, Willem E. and Paul M. Sniderman (eds.) *Studies in Public Opinion: Attitudes, Nonattitudes, Measurement Error, and Change*. NJ: Princeton University Press, 2004.
24. Smith, Eric R. A. N. *The Unchanging American Voter*. CA: University of California Press, 1989.
25. Sniderman, Paul M. and Thomas Piazza *The scar of race*. MA: Harvard University Press, 1993.
26. 烏谷昌幸「原子力政策における正当性の境界：政治的象徴としての「平和利用」」『サステイナビリティ研究』第5号, 2015年, 91-107頁。
27. Tourangeau, Roger and Kenneth Rasinski "Cognitive processes underlying context effects in attitude measurement." *Psychological Bulletin*, vol. 103, 1988, pp. 299-314.
28. Treier, Shawn and Hillygus D. Sunshine "The Nature of Political Ideology in the Contemporary Electorate". *Public Opinion Quarterly*, 73：4, 2009, 679-703.
29. 筒井淳也・平井裕久・水落正明・秋吉美都・坂本和靖・福田亘孝『Stataで計量経済学入門 第2版』ミネルヴァ書房, 2011年。
30. 安野智子「世論と政治意識」(唐沢穣・村本由紀子編著『社会と個人のダイナミクス（展望 現代の社会心理学3）』誠信書房, 第6章所収), 2011年。
31. 安野智子・池田謙一「JGSS-2000にみる有権者の政治意識」大阪商業大学比較地域研究所・東京大学社会科学研究所編『JGSS研究論文集［1］JGSS-2000で見た日本人の意識と行動』, 2002年, 81-105頁。
32. 吉川智「日本における外国人の地方参政権に関する一考察」『憲法論叢』17, 2010年, 135-158頁。
33. Zaller John *The Nature and Origins of Mass Opinion*. NY: Cambridge University Press, 1992.

執筆者紹介（執筆順）

安野　智子（やす の　さと こ）　中央大学社会科学研究所研究員，中央大学文学部教授
　　　　　　　　　　　　　　　（まえがき，第5章）

宮野　　勝（みや の　　まさる）　中央大学社会科学研究所研究員，中央大学文学部教授
　　　　　　　　　　　　　　　（第1章，第2章）

塩沢　健一（しお ざわ　けん いち）　中央大学社会科学研究所客員研究員，鳥取大学地域学部准教授
　　　　　　　　　　　　　　　（第3章）

Steven R. REED（スティーブン R. リード）　中央大学社会科学研究所研究員，中央大学総合政策学部教授
　　　　　　　　　　　　　　　（第4章）

民意と社会　　　　　中央大学社会科学研究所研究叢書 30

2016年3月7日　発行

　　　　編著者　　安　野　智　子
　　　　発行者　　中　央　大　学　出　版　部
　　　　　　　　　代表者　　神　﨑　茂　治

〒192-0393　東京都八王子市東中野742-1
発行所　中　央　大　学　出　版　部
電話 042(674)2351　FAX 042(674)2354
http://www2.chuo-u.ac.jp/up/

Ⓒ 2016　　　　　　　　　　　　　　電算印刷㈱
ISBN978-4-8057-1331-0

中央大学社会科学研究所研究叢書

1 中央大学社会科学研究所編
自主管理の構造分析
－ユーゴスラヴィアの事例研究－
Ａ５判328頁・品切

80年代のユーゴの事例を通して，これまで解析のメスが入らなかった農業・大学・地域社会にも踏み込んだ最新の国際的な学際的事例研究である。

2 中央大学社会科学研究所編
現代国家の理論と現実
Ａ５判464頁・4300円

激動のさなかにある現代国家について，理論的・思想史的フレームワークを拡大して，既存の狭い領域を超える意欲的で大胆な問題提起を含む共同研究の集大成。

3 中央大学社会科学研究所編
地域社会の構造と変容
－多摩地域の総合研究－
Ａ５判482頁・4900円

経済・社会・政治・行財政・文化等の各分野の専門研究者が協力し合い，多摩地域の複合的な諸相を総合的に捉え，その特性に根差した学問を展開。

4 中央大学社会科学研究所編
革命思想の系譜学
－宗教・政治・モラリティ－
Ａ５判380頁・3800円

18世紀のルソーから現代のサルトルまで，西欧とロシアの革命思想を宗教・政治・モラリティに焦点をあてて雄弁に語る。

5 高柳先男編著
ヨーロッパ統合と日欧関係
－国際共同研究Ⅰ－
Ａ５判504頁・5000円

EU統合にともなう欧州諸国の政治・経済・社会面での構造変動が日欧関係へもたらす影響を，各国研究者の共同研究により学際的な視点から総合的に解明。

6 高柳先男編著
ヨーロッパ新秩序と民族問題
－国際共同研究Ⅱ－
Ａ５判496頁・5000円

冷戦の終了とEU統合にともなう欧州諸国の新秩序形成の動きを，民族問題に焦点をあて各国研究者の共同研究により学際的な視点から総合的に解明。

中央大学社会科学研究所研究叢書

坂本正弘・滝田賢治編著
7 現代アメリカ外交の研究
Ａ５判264頁・2900円

冷戦終結後のアメリカ外交に焦点を当て，21世紀，アメリカはパクス・アメリカーナⅡを享受できるのか，それとも「黄金の帝国」になっていくのかを多面的に検討。

鶴田満彦・渡辺俊彦編著
8 グローバル化のなかの現代国家
Ａ５判316頁・3500円

情報や金融におけるグローバル化が現代国家の社会システムに矛盾や軋轢を生じさせている。諸分野の専門家が変容を遂げようとする現代国家像の核心に迫る。

林　茂樹編著
9 日本の地方ＣＡＴＶ
Ａ５判256頁・2900円

自主製作番組を核として地域住民の連帯やコミュニティ意識の醸成さらには地域の活性化に結び付けている地域情報化の実態を地方のCATVシステムを通して実証的に解明。

池庄司敬信編
10 体制擁護と変革の思想
Ａ５判520頁・5800円

A.スミス，E.バーク，J.S.ミル，J.J.ルソー，P.J.プルードン，Ф.N.チュッチェフ，安藤昌益，中江兆民，梯明秀，P.ゴベッティなどの思想と体制との関わりを究明。

園田茂人編著
11 現代中国の階層変動
Ａ５判216頁・2500円

改革・開放後の中国社会の変貌を，中間層，階層移動，階層意識などのキーワードから読み解く試み。大規模サンプル調査をもとにした，本格的な中国階層研究の誕生。

早川善治郎編著
12 現代社会理論とメディアの諸相
Ａ５判448頁・5000円

21世紀の社会学の課題を明らかにし，文化とコミュニケーション関係を解明し，さらに日本の各種メディアの現状を分析する。

━━━━━━━━ 中央大学社会科学研究所研究叢書 ━━━━━━━━

石川晃弘編著

13 体制移行期チェコの雇用と労働

A 5 判162頁・1800円

体制転換後のチェコにおける雇用と労働生活の現実を実証的に解明した日本とチェコの社会学者の共同労作。日本チェコ比較も興味深い。

内田孟男・川原　彰編著

14 グローバル・ガバナンスの理論と政策

A 5 判320頁・3600円

グローバル・ガバナンスは世界的問題の解決を目指す国家，国際機構，市民社会の共同を可能にさせる。その理論と政策の考察。

園田茂人編著

15 東アジアの階層比較

A 5 判264頁・3000円

職業評価，社会移動，中産階級を切り口に，欧米発の階層研究を現地化しようとした労作。比較の視点から東アジアの階層実態に迫る。

矢島正見編著

16 戦後日本女装・同性愛研究

A 5 判628頁・7200円

新宿アマチュア女装世界を彩った女装者・女装者愛好男性のライフヒストリー研究と，戦後日本の女装・同性愛社会史研究の大著。

林　茂樹編著

17 地域メディアの新展開
　　－CATVを中心として－

A 5 判376頁・4300円

『日本の地方CATV』（叢書9号）に続くCATV研究の第2弾。地域情報，地域メディアの状況と実態をCATVを通して実証的に展開する。

川崎嘉元編著

18 エスニック・アイデンティティの研究
　　－流転するスロヴァキアの民－

A 5 判320頁・3500円

多民族が共生する本国および離散・移民・殖民・難民として他国に住むスロヴァキア人のエスニック・アイデンティティの実証研究。

中央大学社会科学研究所研究叢書

菅原彬州編

19 連続と非連続の日本政治

A5判328頁・3700円

近現代の日本政治の展開を「連続」と「非連続」という分析視角を導入し，日本の政治的転換の歴史的意味を捉え直す問題提起の書。

斉藤　孝編著

20 社会科学情報のオントロジ
－社会科学の知識構造を探る－

A5判416頁・4700円

オントロジは，知識の知識を研究するものであることから「メタ知識論」といえる。本書は，そのオントロジを社会科学の情報化に活用した。

一井　昭・渡辺俊彦編著

21 現代資本主義と国民国家の変容

A5判320頁・3700円

共同研究チーム「グローバル化と国家」の研究成果の第3弾。世界経済危機のさなか，現代資本主義の構造を解明し，併せて日本・中国・ハンガリーの現状に経済学と政治学の領域から接近する。

宮野　勝編著

22 選挙の基礎的研究

A5判152頁・1700円

外国人参政権への態度・自民党の候補者公認基準・選挙運動・住民投票・投票率など，選挙の基礎的な問題に関する主として実証的な論集。

礒崎初仁編著

23 変革の中の地方政府
－自治・分権の制度設計－

A5判292頁・3400円

分権改革とNPM改革の中で，日本の自治体が自立した「地方政府」になるために何をしなければならないか，実務と理論の両面から解明。

石川晃弘・リュボミール・ファルチャン・川崎嘉元編著

24 体制転換と地域社会の変容
－スロヴァキア地方小都市定点追跡調査－

A5判352頁・4000円

スロヴァキアの二つの地方小都市に定点を据えて，社会主義崩壊から今日までの社会変動と生活動態を3時点で実証的に追跡した研究成果。

中央大学社会科学研究所研究叢書

25 グローバル化のなかの企業文化
―国際比較調査から―
石川晃弘・佐々木正道・白石利政・ニコライ・ドリャフロフ編著
A5判400頁・4600円

グローバル経済下の企業文化の動態を「企業の社会的責任」や「労働生活の質」とのかかわりで追究した日中欧露の国際共同研究の成果。

26 信頼感の国際比較研究
佐々木正道編著
A5判324頁・3700円

グローバル化，情報化，そしてリスク社会が拡大する現代に，相互の信頼の構築のための国際比較意識調査の研究結果を中心に論述。

27 "境界領域"のフィールドワーク
―"惑星社会の諸問題"に応答するために―
新原道信編著
A5判482頁・5600円

3.11以降の地域社会や個々人が直面する惑星社会の諸問題に応答するため，"境界領域"のフィールドワークを世界各地で行う。

28 グローバル化と現代世界
星野智編著
A5判460頁・5300円

グローバル化の影響を社会科学の変容，気候変動，水資源，麻薬戦争，犯罪，裁判規範，公共的理性などさまざまな側面から考察する。

29 東京の社会変動
川崎嘉元・新原道信編
A5判232頁・2600円

盛り場や銭湯など，匿名の諸個人が交錯する文化空間の集積として大都市東京を社会学的に実証分析。東京とローマの都市生活比較もある。

＊価格は本体価格です。別途消費税が必要です。